KB234234

정운찬
시시
비비

정운찬
시시비비

▌정운찬 국무총리 지명자 청문회 참관기

초판 1쇄 찍은날 2010년 9월 21일
초판 1쇄 펴낸날 2010년 9월 25일

지은이   최헌걸
펴낸이   최윤정
펴낸곳   도서출판 나무와숲

등 록   22-1277
주 소   서울특별시 송파구 방이동 22 대우유토피아 1304호
전 화   02)3474-1114
팩 스   02)3474-1113
e-mail : namuwasup@namuwasup.com

값 11,000원
ISBN   978-89-93632-14-9   03340

＊잘못 만들어진 책은 구입하신 서점에서 바꿔 드립니다.

정운찬 국무총리 지명자 청문회 참관기

정운찬 시시비비

최헌결 지음

정운찬 전 서울대학교 총장이 국무총리 후보자로 지명된 2009년 9월 3일부터 임명될 때까지 야당이 정운찬 총리(이하 정 총리)에 대해 제기한 의혹과 주장들을 지켜보면서 고 노무현 대통령의 '부치지 않은 편지'가 떠올랐다.

'부치지 않은 편지'는 노 전 대통령이 이명박 대통령에게 쓴 편지이지만 부치지 않고 서거한 이후에 공개된 것인데, 여기에서 노 전 대통령은 '검찰 수사팀 교체'를 요청하고 있다. 그 이유는 "수사팀이 수사가 끝나기도 전에 미리 결론을 말하고" 있기 때문으로, "수사팀이 발표하거나 누설한 내용을 보면 미리 그림을 다 그려놓고 그에 맞게 사실과 증거를 짜맞추어 가고 있다는 의혹을 지울 수 없다"는 것이다.

정 총리 인사청문회와 관련하여 '부치지 않은 편지'를 떠올린 이유는 청문위원들이 정 총리에 대해 제기한 의혹과 주장들이 의혹 해소와 사실 확인을 위한 작업의 일환이라기보다 미리 내려진 결론을 향해 가하는

'정치공세'적 성격이 짙었다는 생각에서이다.

그러나 청문위원들이 의혹을 지나치게 확대해서 제기했다고 치부하기에는 세상사람들이 정 총리를 바라보는 시선이 싸늘해졌고, 청문회 이후 일부 신문과 시민단체는 도덕성을 이유로 '총리 불가 입장'을 천명했다. 물론 이들이 자체 설정한 엄격한 기준에 정 총리가 미달할 수 있기 때문에 총리로 부적합하다고 주장할 수는 있다.

또한 청문회에서 정 총리의 모습은 이전의 총리들과 비교할 때, 미숙했던 점이 있었음을 인정하지 않을 수 없다. 정치·행정 경험이 없고, 행정법적 실무 지식과 말주변도 부족하여 청문위원들의 주장에 순발력 있고 강단 있게 대응하지 못했다. 청문회 당일 수정신고하여 세금을 추가로 납부한 데서 확인할 수 있듯이 도덕적으로 흠 잡을 데 없는 성인군자도 아니었다. 더욱이 청문회 답변 과정에서 보여준 정 총리의 모습은 국민들이 무의식중에 기대하는 "강력한 카리스마와 깡다구 있는 지도자상"(강준만,『한국 정치의 겉과 속』참조)과는 거리가 멀었다.

그러나 청문회에서 제기된 주장들이 사실이 아닌 것으로 확인되었음에도 정 총리를 잘 알고 있는 학계 선배는 "청문회에서 도덕적으로 만신

창이가 됐다"(이인호 칼럼, 「누가 도덕불감증 중증 환자인가」, 〈동아일보〉, 2009.10.1)고 평가했다. 시민단체도 "병역 문제에 대해서도 명쾌하게 해명하지 못하고 있다. 법적 문제와 별도로 '과연 병역 문제를 가계 상황에 따라 연기해 놓고, 또 다른 조건이 되어 외국 유학을 가고 이에 따라 면책받은 정 내정자와 같이 개인적 편의에 따라 다루어야 할 문제인지' 묻지 않을 수 없다"(경제정의실천시민연합 성명서, 2009.9.26)고 비판했다.

하지만 제대로 확인하지도 않은 의혹들을 기정사실화하여 정 총리 인준 부결 이유로 제시하는 데는 당혹스럽지 않을 수 없었다. 이에 청문회에서 정 총리에 대해 제기한 여러 의혹을 자세히 검토하여 사실 여부를 정확하고 명쾌하게 알릴 필요가 있다고 생각했다.

그 이유는 분명 정 총리가 부족한 점도 많고, 청문회에서 실수한 발언도 있었지만 "정직하고 성실한 삶의 자세와 겸손하고 따뜻한 마음씨로 동료의 사랑과 존경을 받아 서울대 총장에 당선됐고 소신 있게 총장직을 수행함으로써 공인으로서는 검증될 만큼 검증된 사람"(이인호)이라는 평가가 잘못된 것이 아니라는 확신 때문이다.

또한 정 총리에 대한 여러 의혹이 '왜곡'이고 '오해'임에도 국민들 사

이에서 '사실'로 받아들여지고 있는 만큼 이를 반드시 바로잡아야 한다
고 생각했다. 나아가 청문회 이후 정 총리의 명예와 관련하여 정치적 목
적에서 같은 주장을 반복함으로써 정 총리에 대해 부정적 이미지를 계
속 덧칠하는 행위는 시정되어야 한다고 생각했다. 더불어 정 총리를 오
랫동안 곁에서 지켜본 후배들로서 정 총리 개인의 명예가 회복되기를
바라는 마음도 있다.

지난번 청문회를 지켜보면서 정당이 '정치적 목적'에서 일시적으로
개인의 명예를 훼손할 수 있는 '의혹'을 제기하더라도 정확한 증거 자료
를 확인하려는 노력이 절대적으로 필요하다는 것을 절감했다. 나아가 제
기된 의혹들이 사실이 아닌 것으로 확인된 후에는 적어도 그런 주장을
되풀이하지 않거나 사과하는 문화가 형성되기를 바랐다.

민주당은 지난날 군사독재정권의 정치적 폭압에 맞서서 한국 사회가
민주주의를 쟁취하는 데 그 누구도 부정할 수 없는 역할을 담당해 왔다.
또한 지금의 민주당에는 자기를 버리면서까지 우리 사회의 민주화를 위
해 희생하고 헌신한 정치인들이 많다. 따라서 이 책에서 언급하고 있는
분들이나 정당에는 어떤 개인적 유감도 없다. 다만 공직자의 직무 수행
능력과 도덕성을 검증할 목적으로 하는 청문회가 더 이상 여야 정쟁의

수단으로 변질되지 않기를 바랄 뿐이다.

정운찬 총리가 현직에서 물러나 이제 자연인으로 돌아왔다. 여러 선후배들과의 논의와 협의 끝에 이 책을 진작 준비했으나 총리 신상에 관한 책을 내면 세인들의 오해를 살까 우려하여 그동안 공개 출간하지 않았다. 하지만 이제라도 그를 아끼던 지인들과 국민들에게 그간 제기되었던 이른바 '의혹' 들에 대한 실체적인 진실을 알릴 때가 되었다는 판단에서 이 책을 펴내기로 했다.

청문회에서 정 총리에 대해 제기한 의혹은 다음과 같다. '병역기피', '논문 중복게재', '세금 문제', '8억 5천만 원 다운계약서', '위장전입', '겸직과 관련된 공무원법 위반', '아들 국적 문제', '위증 문제' 등 크게 여덟 가지다.

그러면 청문회에서 제기된 의혹들의 사실 여부를 당시 속기록을 중심으로 살펴보기로 하자.

I

자원입대를 하지 않으면
병역기피인가

백 의원은 정 후보자가 교수로 신분이 변동된 1976년 6월에 귀국하면 당연히 군대에 입대했을 것이라는
가정을 마치 사실인 양 이야기하고 있는데, 정 후보자는 그때 귀국했더라도 당시의 대한민국 병무행정상
군대에 가고 싶어도 갈 수 없었다. 33년 뒤 있을 '국무총리 인사청문회'를 대비하여 군에 입대하고 싶어도
1976년에는 입대할 수 없었고, 1977년도에 입대해야 했다. 더욱이 정 후보자는 병역법에 의한
고령으로 1977년 1월 1일 병역을 면제받기 때문에 군에 입대할 수도 없고 그럴 필요도 없었다.
마치 청문위원이었던 강운태 의원 개인의 신체적 이유로 인한 고령 면제와도 같이.

연예인이나 고위공직자의 자녀, 혹은 재벌가 자식들이 '군대 가지 않으려고' 신출귀몰한 방법을 동원했다가 들통이 나서 병역비리 스캔들로 사법 처리되는 과정을 해마다 보면서 병력비리는 이제 우리에게 일상적인 사건 중 하나가 되었다.

징병제를 실시하고 있는 한국 사회에서 '병역'은 남자의 조건에 해당하는 모든 것의 전제이고 전부라고 해도 과언이 아니다. 하지만 가능하면 아들을 군대에 보내지 않고 싶어하는 부모는 예나 지금이나 많다. 한국 사회의 발전은 이들을 이용해 큰 수익을 올리려는 이른바 '전문가'들의 병역비리에 걸리지 않는 기술의 발전 혹은 진화와 그 궤를 같이한다. 그 때문에 우리 사회에서 가장 성황을 이루는 어두운 세계 중 하나로 꼽히고 있다. 민주당은 정운찬 총리후보 지명자가 바로 여기에 해당한다고 의혹을 제기했다.

정운찬 총리 지명자 청문회를 앞두고 민주당은 후보자에 대해 "병역을 기피하기 위해 부정한 방법을 동원했다"는 '정운찬 병역비리 스캔들'을 터뜨렸다. 여러 가지 복합적이고 불편하고 곤혹스런 상황에서 칼을 빼든 민주당과 '정운찬의 변신'에 못마땅한 언론은 '확인되지 않은' 주장을 '언론으로서의 의무를 다하듯' 대대적으로 보도하기 시작했다.

그러면 민주당이 이른바 '폭로'라며 터뜨린 정 총리후보자의 병역 관련 의혹은 대체 어떤 것인가?

백원우 의원을 병역문제 마크맨으로 전면에 내세운 민주당 주장의 대강은 이렇다. 정 후보자는 군대 입영을 기피하려는 목적으로

1. '부선망 독자' 자격을 부여받기 위해 '양자로 입양' 갔고,
2. 유학생 신분을 취득하기 위해 입학원서에 '군입대 면제'를 받았다는 '허위 사실'을 기재하여 마이애미대학교로부터 입학 허가를 받았으며,
3. 또한 군입대를 피하기 위해서 어머니가 사망했음에도 끝내 귀국하지 않았고,
4. 심지어 컬럼비아대학교 교수로 취업하여 유학 비자의 지위를 바꾸었으며,
5. 뿐만 아니라 그 사이에 '장성 출신'인 장인의 도움을 받았고, '과외 공부 학생 부모'의 도움도 받았을 것이라는 의혹을 제기했다.

민주당은 청문회를 앞두고 본격적인 '정운찬 때리기'에 나섰다. "그

동안 서로 잘 지내서 몰랐는데, 이제 자세히 알고 보니 '엉망'이라는 것"이다.

언론의 대공포화도 연일 불을 뿜었다. 효과가 있었다. 처음에는 '그럴 리가……', '설마……', '아닐 거야……' 하던 여론이 순식간에 '안 되겠네', '저런저런……', '파렴치한……', '믿을 놈 없다더니……', '서울대학교 총장을 지냈다는 자가……'라며 빠른 속도로 냉랭해져 갔다. 언론의 여론몰이가 효과를 발휘한 것이다.

그러나 정작 민주당이 정운찬 총리후보 지명자 청문회에서 내놓은 '작품'에는 30여 년 전 병무행정과 사회환경에 기초한 정확한 증거 자료는 없고, 기발한 상상력으로 채워진 주장만 난무했다. 그것도 병무 용어에 대한 이해 부족과 병무행정에 대한 무지에서 출발한 것들이었다. 2009년의 병역 기준과 사회적 인식을 토대로 한 일방적 주장만 설파한 셈이다.

'징집연기'는 '군입대 연기'가 아닌 '징병검사 연기'

우선 청문회 속기록을 통해 백원우 의원의 병무행정 용어 이해 수준부터 보기로 하자.

백원우 위원
그런 해명은 나중에, 아까 이혜훈 위원님 질의에 충분히 답변하셨고요.

그렇기 때문에 후보자님께서는 서울대 인사기록카드에도 마찬가지로 부선망 독자가 면제 사유라고 계속 주장하십니다. 부선망 독자로 인해 병역이 계속 연기되어서 나중에 최종적으로 고령으로 연기되었다, 이 것이 지금 후보자님의 주장이신데 아까 제가 말씀드렸지만 병역법 44조에 의하면 부선망 독자는 연기만 할 수 있고 면제는 불가능하고요. 그것도 나이가 23세까지만 연기가 가능하게 되어 있습니다. 병역법 44조, 76년도 병역법입니다. 그것 확인하셨습니까?

국무총리 후보자 정운찬

그것은 제가 모르겠습니다마는 제가 분명히 71년 출국할 때 국방부 허락을 받고 나갔습니다.

백원우 위원

그것은 뭐 똑같은 사실 반복하실 필요 없고, 부선망 독자로 연기를 했다고 하는 것은 사실이 아니다라는 것입니다. 그것은 법에 이렇게 나와 있으니까 불가능한 것입니다. 후보자는 이미 한국은행에 취직하실 때 나이가 스물네 살이 되셨습니다. 그래서 부선망 독자 또는 대학 재학 중이기 때문에 연기했던 병역이 70년도에 다시 신검이 나온 것입니다. 그리고 70년도의 상황은 아시다시피 수만 명의 대한민국 젊은이가 월남전으로 끌려가던 시기입니다.

그래서 후보자께서는 이렇게 엉터리의 마이애미 입학원서를 급하게라도 만들어서 입학 허가를 받아 미국으로 유학 가셔야 될 필요성이 생기신 것입니다. 왜냐하면 부선망 독자로 연기할 수 있는 시점이 끝났기 때문입니다. 그 다음에는 연기할 사유가 없습니다. 나이가 다 찼기 때문에 연기하실 수가 없어요. 부선망 독자라고 하더라도 6개월 이상의 병역은 가서야 되는 것입니다. 그렇기 때문에 후보자께서는 급하게 유학을 가시려고 했고 그러다 보니 마이애미대학에 입학원서를 이렇게 조작해서 서라도 가서야 되는 상황이 된 것입니다.

위 발언을 정리하면, 백 의원은 "병역법 44조에 의하면 부선망 독자는 나이가 23세까지만 '연기'가 가능"하며, 이미 "한국은행에 취직하실 때 나이가 스물네 살"이기 때문에 "엉터리 마이애미 입학원서를 급하게라도 만들어서 입학 허가를 받아 미국으로 유학"가야 했다고 주장하고 있다.

문맥 전후를 보건대, 백 의원은 '연기'를 '징집연기'의 의미로 사용하면서 '부선망 독자 규정에 의해 징집연기를 한 차례만 할 수 있고, 그것도 23세까지만 할 수 있는데, 24세로 징집될 나이가 되자 마이애미대학 입학원서를 조작하여 유학을 갔다'고 주장하고 있다.

결국 백 의원을 비롯한 민주당의 정 총리후보자 병역 의혹의 출발은 부선망 독자 규정에서 언급한 '연기(징집연기)'를 '군입대 연기'로 이해한 데 있음을 알 수 있다. 다음의 발언을 보자.

鄭玉任 委員

그래서 보니까 제가 찾아본 병무행정 백서에 따르면 '구 법상 징집연기라는 말은 일반 국민이 잘 이해하지 못할 뿐 아니라 입영연기와 혼동하는 경우가 있었다. 그러므로 신 병역법에서는 징집연기라는 용어를 징병검사 연기로 바꾸었거니와……' 이런 말이 나오거든요. 맞습니까?

참고인 박경규

예.

鄭玉任 委員

그래서 정 후보자는 1970년에 징집연기, 즉 징병검사 연기를 한 번 받아가지고 다시 징병검사를 받게 됩니다, 24세에. 맞지요?

참고인 박경규

1970년도에 2차로 징병검사를 받게 됩니다.

鄭玉任 委員

예, 맞습니다.

한나라당 정옥임 의원과 참고인으로 출석한 병무청 직원 박경규 참고인 간의 대화에서 확인할 수 있는 것은 '연기(징집연기)'라는 단어가 백 의원이 이해하고 있는 '군입대 연기'가 아니라 '징병검사 연기'를 의미한다는 것이다. 즉 백 의원은 병무행정 용어를 완전히 잘못 이해한 것이다.

정옥임 의원이 밝혀낸 용어를 기준으로 백원우 의원의 주장을 다시 정리하면, "병역법 44조에 의해 부선망 독자는 23세까지만 '징병검사 연기'가 가능"하기 때문에 정 총리후보자는 23세까지 징병검사 연기 혜택을 받고, 24세에 징병검사를 받은 것이다. 백 의원의 주장에서 무엇이 문제였는지가 분명하게 드러난다. 정 총리후보자는 법을 어기지 않았으며, 급하게 유학을 가야 할 필요도 없었다. 결국 백 의원의 '고의 병역기피 의혹'의 뼈대를 이루고 있던 주장이 '병무행정 용어의 잘못된 이해'에서 출발한 것임을 알 수 있다.

따라서 백 의원은 청문회가 끝난 후 정 총리후보자의 병역면제에 문제가 없음을 인정하고, 민주당은 병역 문제를 공격 재료로 사용하지 않았어야 했다. 그러나 백 의원은 끝까지 고의 병역기피라는 잘못된 주장을 굽히지 않았고, 민주당은 청문회 이후에도 여전히 정 총리의 비리 의혹 중 하나로 병역 문제를 거론했다.

한편 9월 23일 평화방송 라디오와의 인터뷰에서 참여정부의 인사수석이었던 정찬용 씨가 한 발언은 큰 파장을 불러일으키며 불난 데 기름을 끼얹은 격이 되었다. 정 수석은 인터뷰에서 정 총리의 병역 문제와 참여정부의 정 총리에 대한 평가를 밝혔다. 먼저 병역 문제와 관련하여 "병역에 관해서는 아주 고약하잖아요. 독자로 해서 6개월 방위를 하기로 해놓고 작은아버지에게 양자로 갔잖아요. 그리고 미국으로 가서 안 와버렸잖아요. 그리고 77년에 고령이라는 이유로 면제를 받았잖아요. 장인이 뒤에 병무국장을 했지만 그전에 병역면제를 했잖아요"라고 말했다.

양자 입양은 1965년, 부선망 독자 규정 신설은 1967년

참으로 딱한 일이다. 어쩌면 청문회에서 민주당 의원들의 주장과 똑같은 내용의 말을 했을까. 서로 상의라도 한 것처럼. 그러면 부선망 독자 혜택을 보기 위해 양자로 갔다는 주장은 사실일까?

한마디로 정 총리후보자의 병역과 부선망 독자 규정은 아무런 상관관계가 없다. 5남매의 막내였던 정 총리후보자는 고등학교 2학년 때인 1965년에 딸만 6명이었던 작은아버지에게 양자로 입양되었고, 호적상 양부였던 작은아버지는 이듬해인 1966년 10월에 사망했다.

그런데 부선망 독자 규정이 생긴 것은 1967년 3월 30일 병역법이 개정되면서이다. 따라서 부선망 독자 규정을 활용하기 위해 양자로 입양했다는 주장은 지극히 음모적이다. 정운찬은 억장이 무너졌을 법하다. 찢어지게 가난한 집안이었던 탓에 고등학생 시절부터 가정교사 생활을 했던 그가 몇 년 뒤 신설될 '부선망 독자 규정'을 미리 알고 온 가족의 상의 하에 '작업'하여 '입양'되었다는 말인데, 참으로 어처구니없지 않은가.

아들을 부를 때도 '자네'라고 하며 자식에게조차 반말을 하지 않고 자식을 키운 정운찬 어머님을 생각해 보면 가난한 선비 집안의 가풍을 쉽게 짐작할 수 있다. '병역'을 위해서 작은집에 '양자'로 보내 집안 족보를 고쳤다고 주장하는 것은 정 총리 어머님에 대한 모욕이 아닐까. 누구라도 정운찬 어머님이 약아빠진 분이라고 생각하지 않았다면, 최소한의 예의로라도 '짝퉁 부선망' 같은 표현을 하지 않았을 것이다.

정 수석의 인터뷰는 작심한 듯 계속된다. 참여정부와 정 총리 간의 관계에 대해서 "참여정부 시절 (부총리 기용을 위해) 정 후보자에 대한 평판 조회를 했더니 '껍데기는 좋은데 내용은 좋지 않을 것'이라는 평이 많았다. 그래서 포기했다"며, "소신이 강한 경제학자이고 유머와 친교성이 많으며 서울대 총장을 잘 했다는 것이 외부로 알려졌지만 정 후보자를 심층 취재한 언론인들을 만났더니 두 분이나 '(기용을) 안 하는 게 좋겠다'고 얘기했다"는 것이다.

정 수석의 발언은 참여정부 시절 인사수석이 대통령에게 올리는 인사평가 자료가 '동네 평판'이었다는 데서 이OO · 김OO 등과 같이 실패한 인사가 나올 수밖에 없는 이유를 확인시켜 준다. 즉 '동네 소문'이 좋으면 고위직에 오르는 것이고, 그렇지 못하면 참여정부와 인연을 맺지 못했던 것이다. 또 인사수석이 인사 대상자와 친분이 있는 사람을 만나면 '좋은 평판'을 듣게 되어 대통령으로부터 낙점을 받게 되고, 반대로 사이가 나쁜 사람을 만나면 발탁 기회가 없어지는 것이다.

안타깝게도 57시간 만에 사퇴하여 최단기 재임 기록을 남긴 이 전 부총리에 대한 평판을 듣고 평가한 사람이 정찬용 인사수석이었다. 누구를 만나 어떤 평가를 들었는지 궁금하다. 김 전 부총리는 13일 만에 사퇴했다.

　다시 청문회로 돌아가 백 의원은 이 '부선망 독자' 부문에 천착하여 여러 가지 이론을 세우고 이제는 병역기피를 위해 '유학'을 했는데, 여기에 문제가 있었다고 주장한다. 청문회를 앞두고 '마이애미대학교 입학원서 조작'이라는 주먹만한 활자체가 모 일간지 1면에 등장하면서 청문회에서는 그를 둘러싼 진위 공방이 치열하게 벌어졌다.

　백 의원은 9월 18일 정 총리후보자의 자필로 "I am exempted from military service(나는 병역을 면제받았다)"로 기재된 마이애미대학교 유학 서류 사본을 제시하면서 정 총리후보자가 병역을 의도적으로 기피했다는 의혹을 제기했다. 백 의원은 기자회견에서 "당시 해외유학을 위한 여권 발급과 비자 신청을 위해서는 마이애미대학측의 입학허가서가 필요했으며, 이를 취득하기 위해 마이애미대학측에 '병역을 면제받았다'는 허위 기록을 제출한 것으로 판명된다"고 주장했다.

　그러나 이러한 백 의원의 주장은 완벽한 픽션이었다. 먼저, 1970년 당시에는 병무청 허가를 얻는 데 '입학허가서'는 필요치 않은 서류였다. 당시 여권을 발급받기 위해서는 '입학허가서'가 아닌 '유학시험 합격증(유학생 자격고시 합격증)'이 필요했다. 박정희 정권 하에서는 입학허가서가 있어도 유학시험 합격증이 없으면 여권을 발급해 주지 않았던 것이다. 따라서 여권을 발급받기 위해서 마이애미대학 입학원서를 조작했다는 백 의원 주장은 이 같은 사소한 사실 확인조차 하지 않은, 음해를 목적으로 한 무책임한 공격에 불과하다.

　이혜훈 의원의 청문회 속기록에서도 이와 같은 내용을 찾아볼 수 있다.

이혜훈 위원

저희들이 알아본 바와 일치합니다. 당시 유학생 비자와 여권을 발급하는 요건은 이렇게 되어 있습니다, 공식적으로 받은 답변은. 교과부가 주관하는 유학시험을 통과해서 유학시험 합격증이 있어야 되고 그 다음 두 번째는, 병역의무를 이행한 사람이면 두 번째 서류는 상관없는데 아직 병역의무를 이행하지 않은 상태에 있는 사람은 이 사람이 병역을 기피해서 귀국을 하지 않는다든지 여러 가지 이상한 일을 벌일 때 그 책임을 질 보증인을 세우면 병무청이 허가를 해주고 유학에 관한 여권과 비자가 발급되는 것으로 이렇게 지금 저희들이 답을 받았습니다.

박정희 정권 하에서는 입학허가서가 있어도 유학시험 합격증이 없으면 여권을 발급해 주지 않았다. 여권이 없으면 비자고 뭐고 아무 소용이 없는 것이다. 한 달 이상 계속되는 심사에서는 국방부, 경찰청, 당시 중앙정보부, 외무부, 교육부 등 주요 기관의 심사를 통과해야만 했다. 아마도 박 정권을 겪어 보지 않은 분들이라면 이게 무슨 이야기인지 모를 것이다. 하지만 유학 경험이 있는 선배나 스승들에게 물어 보면 무슨 말인지 바로 이해하게 될 것이다.

마이애미대학교 입학원서 병역란은 미국 시민권자에게만 해당

마이애미대학교 입학원서 병역란에 기재된 "I was exempted from military service" 내용을 가지고 백 의원의 잘못된 주장은 계속된다.

백원우 위원

후보자가 언론에 해명한 것은 소집 연기된 보충역이었다.…… 소집 연기된 보충역으로 판정되는 것은 71년 2월 8일입니다. 70년 12월 15일 당시에는 후보자가 보충역이 될지 안 될지 재신검받은 바에 의하면 확정되어 있지 않던 상황입니다. 후보자께서 왜 마이애미대학의 입학원서에 '나는 병역이 면제되어 있다'고 썼습니까?

국무총리 후보자 정운찬

아니요, 미국의 입학지원서는 미국 학생들한테…….

백원우 위원

영어를 잘 해석하지 못해서 무슨 말인지 몰라서 면제되었다고 썼다고 아까 답변하셨습니다.

국무총리 후보자 정운찬

'해당사항 없음'이라고 써야 되는데…….

백원우 위원

연기되었다고 쓰셔야 됩니다. 정확한 표현은 연기되었다고 쓰셔야 됩니다.

국무총리 후보자 정운찬

아니요, 잠깐 말씀을…….

백원우 위원

11개월 만에, 첫 번째 유학 가시는 분이 11개월 만에 모든 과정을 수료하고 석사학위까지 받으시는 분이 입학원서에 그 단어의 의미를 모르고 적절한 표현이 없어서 '나는 병역이 면제되었다' 이렇게 쓴 것을 어느 국민이 믿어 주시겠습니까?

국무총리 후보자 정운찬
위원님, 제가 대학 졸업하고 처음 본 미국 공문서입니다.
군대는 어떻게 됐느냐, 나는 미국 군대 안 간다, 그런 말을 그냥 아까 말씀드렸듯이…….

백원우 위원
자꾸만 거짓말을 하시면, 후보자의 자서전에 있습니다. 한 번 거짓말을 하면 그 거짓말을 덮기 위해서 계속 거짓말을 하셔야 되는 악순환에 빠지십니다. 더 이상 거짓말하지 마십시오.

그런데 백 의원이 확실한 증거라고 확신하는 마이애미대학 입학원서의 병역란은 '한국군'이 아닌 '미국군'과 관련된 사항이었다. 당시 미국은 베트남전 때문에 징집제를 실시하고 있었다. 따라서 오늘날 미국 대학 입학원서에는 없지만 당시에는 입학원서에 병역란을 만들고, 미국 시민권자인 입학생들에게 병역 관련 사항을 물었던 것이다.

그런데 청문회에서 백 의원은 정 총리후보자가 마이애미대학 입학원서 병역란과 관련하여 답변하려고 하면 가로막고 대답을 전혀 들으려 하지 않았다. 이미 결론을 내리고 있었기 때문에 들을 필요가 없었던 것이다.

사실 여부에 관한 지리한 공방이 계속되고 있는 사이에 한나라당 이혜훈 의원은 마이애미대학교 총장과 교무처장에게 이메일을 보내 당시 입학원서에서 묻고 있는 항목에 대한 설명을 요청했다. 청문회 이틀째 되는 날, 이 의원은 마이애미대학으로부터 회신을 받고 청문회장에서 그 내용을 발표했다.

되어 있습니다. 제가 임의로 번역한 것이니까 원문을 그대로 읽어 드리면 'I can assure you that his status with respect to military service in Korea had no bearing whatsoever on his admission to Miami', 정확하게 그렇게 번역이 되어 있습니다.

그리고 두 번째 문제, 그러면 그 military service status라는 게 뭔지를 의미하는 부분에 있어서도 분명히 이것은 미국 군대에 관한 것을 얘기하는 것이고 이것은 his own country, 그러니까 정 후보의 모국인 한국 군대를 얘기하는 것이 분명히 아닌 것이 사실이다 이렇게 되어 있습니다. 읽어 드리겠습니다. 'It was in fact in reference to US military service rather than service in his own country', 분명히 이렇게 되어 있습니다.

그러니까 미국 마이애미대학의 총장의 지시로 대학원장이 이 편지를 보냈습니다. 그 얘기는 뭐냐 하면 거기서 얘기하는 군대 병역에 관한 것이 한국 군대가 면제됐느냐라고 물어 본 것이 아니라 미국 군대의 병역이 어떻게 되느냐라고 물어 본 것이라고 분명히 여기 얘기를 하고 있습니다.

그러니까 이 이후에 그 논란은 좀 정리가 됐으면 하는 생각입니다. 분명히 한국 군대에 갈 필요가 없다라는 얘기를 쓴 것이 아니라 미국 군대에 갈 필요가 없다라는 뜻으로 I'm exempted from military service 이렇게 얘기한 것으로 정리를 하고 다시는 이 얘기가 재차 불필요하게 공회전되는 일이 없었으면 하는 그런 말씀을 드립니다.

즉 정 후보자가 이야기하고 있듯이 마이애미대학 입학원서의 병역란은 한국 군대가 아닌 미국 군대와 관련된 것으로, 미국 시민들에게만 해당되었던 사항인 것이다. 이 점은 1970년대 미국으로 유학을 다녀온 분들에게 전화 한 통만 하면 금방 확인할 수 있다. 1970년대 미국은 베트남전 때문에 징병제를 실시하고 있어서 대학 입학원서에 병역란이 있었던 것이다.

결국 이 항목은 외국인들과는 관계없는 사항이어서 백 의원 주장처럼 '연기되었다'고 쓰면 오히려 미국 군대 입영 대상자가 되는 것이다. 따라서 정 후보자의 해명처럼 '관계없다'고 하든지, 아니면 '면제자'라고 하는 것이 당시 상황에서는 타당했다.

또한 백 의원은 정 후보자가 '부선망 독자' 규정에 의한 징집연기 시한이 끝나자 병역을 기피할 목적으로 급하게 마이애미대학 입학 허가 신청서를 조작했다는 주장으로 연결시켰다.

그러나 이러한 주장은 앞에서 한나라당 정옥임 의원과 박경규 참고인에 의해 '용어에 대한 잘못된 이해'에서 비롯된 음해임이 확인된 바있다. 즉 백 의원이 이야기하는 "연기할 수 있는 시점이 끝난 것"은 '징집연기'가 아닌 '징병검사 연기'를 의미하는 것이기 때문에 '마이애미대학 입학원서를 조작' 해서까지 유학갈 이유가 없었다.

백 의원이 야심차게 '병역기피'를 위해 마이애미대학 입학원서에 허위사실을 기재했다고 주장한 내용은 이렇게 해서 사실이 아님이 밝혀졌다. 또한 그 대학교가 플로리다 마이애미가 아니라 오하이오에 위치하고 있으며, '중서부의 예일대학교'라는 평판을 받고 있다는 사실과 정후보자가 얼마나 단시간 내에 석사과정을 마쳤고, 성적이 얼마나 우수했는지도 밝혀지는 계기가 되었다.

하지만 '인간에 대한 예의'를 외치던 백 의원은 여기에서 그치지 않고, 차마 더 이상 언급해서는 안 되는 그 '예의' 부분을 건드리기 시작했다. 정운찬 후보자의 어머니를 들고 나온 것이다.

백원우 위원
후보자의 모친이 73년도에 사망하셨는데도 후보자는 돌아오시지 않습니다. 자서전에서는 모르고 있었다고 하시는데 귀국하시는 78년도까지 진짜 모르고 계셨습니까?

국무총리 후보자 정운찬

아닙니다. 그 다음해 알았습니다.

백원우 위원

그런데도 귀국 안 하셨습니까?

국무총리 후보자 정운찬

위원님…….

백원우 위원

만약 귀국하시게 되면 병역 미필자로 출국이 금지되실 수 있기 때문입니다.

백원우 위원

대학 유학생일 때는 그랬을 수 있다고 치고요, 유학생의 신분을 벗어나 컬럼비아대 교수가 되셨습니다. 신분도 이제는 교수가 되셨고 월급도 많이 받으셨을 거고 여유도 약간 있었을 겁니다. 그럼에도 불구하고 어머니 묘소에 한 번 찾아보지 않을 정도였다면…….

국무총리 후보자 정운찬

글쎄요, 그것은 저의 불찰인지 모르겠습니다만 저는 7년 동안…… 그런데 지금 아시는 분은 아시겠으나 1970년대에 비행기표라고 하는 것은 제가 한국은행 1년 반 동안 받은 월급과 큰 차이가 없을 정도로 아주 비쌀 때였습니다. 그래서 제가 올 엄두를 못 낼 정도였습니다.

백 의원의 발언은 정 후보자를 파렴치한 불효자로 연상시키기에 충분했다. 그러나 1970년대 초반만 해도 동네에 전화기가 있는 집이 드물었다. 외국에 가 있는 친지들과 소식을 주고받으려면 오랜 시간이 걸렸고, 비행기 여행 비용 등을 고려할 때 특별한 사람이 아니면 요즘처럼 수월하게 여행할 수도 없었다. 그런데 백 의원은 그런 70년대의 시대 상황을 전혀 고려하지 않고 2009년도 상황을 기준으로 정 후보자를 공격하는, 전형적인 '아니면 말고'식 행태를 보여주었다.

다음 속기록을 보면 귀국하면 입대해야 하기 때문에 어머니가 돌아가셨는데도 귀국하지 않았다는 백 의원 주장이 출발부터 무언가 잘못되어도 단단히 잘못되었음을 알 수 있다.

鄭玉任 委員

그래서 보면 보통 병역법 시행규칙에 따라서 유학 기간을 4년으로 제한하는 규정이 있음에도 불구하고 또 부선망 독자의 경우에는 보충역 편입자는 기간의 제한을 받지 않는다는 게 규정이 맞습니까?

참고인 박경규

70년도 12월 30일 공포된 병역법에 의하면 부선망 독자 보충역의 경우에는 기간에 불문하고 국외여행 허가를 하도록 되어 있었습니다.

鄭玉任 委員

그러니까 어제 의혹 중에서 후보자가 외국에서 공부를 하고 있는 중에 친모가 돌아가셨다 이겁니다. 그런데 지금 일부 의혹은 어머님이 돌아 가셨음에도 불구하고 일단 들어오면 입영 대상이 되기 때문에 들어오지 않았다라는 의혹이 제기됐는데 그것은 그러니까 어불성설이라는 말씀 이시군요?

참고인 박경규

제가 말씀드리는 것은 70년도 12월 30일 공포된 병역법에서는 부선망 독자의 경우에 국외여행 허가를 할 때 나머지 일반 자원들은, 대학생 같 은 경우는 24세 연령을 정해서 나갔지만 부선망 독자는 기간에 관계없 이 허가를 해줬습니다.

鄭玉任 委員

그러니까 이론적으로 보면 어머님이 돌아가신 것을 후보는 모르고 있었 는데 만약에 알고 또 충분한 여비가 있어서 들어왔다 해가지고 그냥 군 대로 끌려가는, 그러니까 병역의 의무를 수행하는-제가 여기서, 그 표 현은 삭제해 주시기 바랍니다-군대를 가게 되는, 또는 병역의무를 해야 되는 그런 상황은 아닌 것이지 않습니까?
다시 질의드리겠습니다. 그러니까 의혹의 제기는……

鄭玉任 委員

귀국했다 하더라도……

참고인 박경규

그런데 현재 병역법에는 중간에 일시 귀국했을 때는 문제가 없습니다. 그런데 당시의 병역법에, 대단히 죄송하지만 43년 전의 애기라 서류들이 다 파기돼서 법이나 시행령에는 그러한 사항은 없습니다.

위 정옥임 의원과 박경규 참고인의 진술을 정리하면, 정 후보자는 일시 귀국했더라도 반드시 군 입대 대상은 아니라는 것이다. 그럼에도 불구하고, 마치 군에 가지 않기 위해 어머니가 돌아가셨는데도 귀국하지 않은 것처럼 일각에서 '불효자식'으로 몰아붙이는 여론이 만들어졌음은 청문회 성과(?)라고 해야 할 것이다.

이처럼 백 의원은 비행기표 값이 한국은행 직원 1년 반 봉급에 해당하는 70년대 상황과, 장학금과 아르바이트로 학교를 다녔던 정 총리 유학 생활 환경에 대한 고려 없이 본인의 가정환경을 기준으로 청문회 마지막까지 정 총리를 불효자로 재단했다.

백 의원이 현재를 기준으로 과거를 판단하는 또 다른 사항은 '양자' 건이다. 백 의원은 정 총리를 '짝퉁 부선망 독자'라고 조롱하고, 정 총리 병역 의혹의 첫 출발을 부선망 독자에서 시작한다. 백 의원의 발언은 '대를 잇는다'는 표현으로 대표되는 한국 사회의 유교적 전통을 고려하지 않았기 때문으로 추측된다. 그러나 60~70년대 어르신들에게는 '대가 끊긴다'는 것은 죽어서도 조상들 뵐 면목이 없는 것이고 불효 중의 불효다.

컬럼비아대학교 교수 지낸 것과 병역기피는 아무 관계 없어

백 의원은 여기에서 그치지 않고 정 총리후보자가 1976년 7월 유학생에서 컬럼비아대학교 교수로 신분이 변동되었음에도 불구하고 귀국하지 않은 것은 병역을 기피하기 위해서였다고 주장하면서 '도망에 의한 병역면제자'라고 단언한다.

다음은 백 의원의 발언이다.

백원우 위원

박사학위 논문하고 상관없습니다. 박사학위 논문하고……
이게 병역의무자 국외여행 안내라고 하는 병무청 서류입니다. 여기에 의하면 1년 내에 통상 60일 이상의 급료를 받는 사람은 영리활동을 하는 자고, 영리활동을 하는 자는 당장 병역연기 처분이 취소되고 병역의무를 부과하게 돼 있습니다.
후보자는 병역 유학생의 신분이 아니라 취업자의 신분입니다. 고로 후보자는 병역법 제82조 도망에 의해서 병역을 면한 자가 되는 것입니다.

즉 백 의원은 1976년에 컬럼비아대학교 교수가 되어 월급을 받고 있으니 영리활동을 하는 자로 취업자 신분이 되었다, 그럼에도 귀국하지 않았으니 '도망에 의한 병역을 면한 자'라고 주장한다. 사실일까? 아니

다. 백 의원은 또 용어를 정확히 이해하지 못했거나 또는 의도적인 해석
으로 정 후보자를 공격하고 있는 것이다.

다음 청문회 속기록을 보자.

鄭玉任 委員

그 다음에 또 한 가지 혼동이 되는 부분이 어제 내용 중에 병역의무자 국
외여행 안내라는 내용이 나왔습니다. 여기 보면 1년 내에 통상 60일 이
상의 급료를 받는 사람은 영리활동을 하는 자고 영리활동을 하는 자는
당장 병역연기 처분이 취소된다라는 규정을 이야기한다 이런 얘기가 나
오거든요. 이게 언제 만들어진 규정입니까? 기억하십니까, 참고인?

참고인 박경규

제가 이해하기로 어제 아마 제가 국방위원회가 있어서 국회 국방위원회
에 있었습니다. 그래서 그 시간에 저희 직원이 모니터를 했는데 아마 유
학 중에 수입이 있었을 경우의 문제를 질의하신 것으로 제가 들었습니다.

참고인 박경규

현재 병역법, 당시의 병역법도 마찬가지입니다, 국외 이주자나 영주권
자의 경우는 해외에서 사는 조건으로 35세까지 병역을 연기해 주고 있
습니다. 그래서 36세 1월 1일부로 병역을 면제시킵니다.
다만 해외 이주자나 영주권자가 국내에 귀국해서 취업을 해서 영리활

위 정옥임 의원과 박경규 참고인의 대화를 통해 확인할 수 있는 것은 백 의원이 제기한 '취업'은 '해외에서의 취업'이 아니라 해외에서 사는 조건으로 병역을 연기받은 사람이 귀국해서 '한국에서 취업'한 경우를 의미한다는 것이다. 따라서 정 후보자가 1976년 미국에서 컬럼비아대학교 교수를 역임한 것과 병역기피와는 아무런 관계가 없다.

그럼에도 불구하고 백 의원은 1976년 6월에 교수가 되었으니 유학을 목적으로 출국한 이유가 소멸되었다면서, 귀국하지 않은 것은 병역기피를 위해서라고 굳건하게 주장한다. 하지만 컬럼비아대학교 교수 자리는 병역기피를 위해서 가고 싶다고 아무 때나 누구나 갈 수 있는 그런 자리가 아니다.

그리고 백 의원이 지적하는 유학 목적이 완료되려면 유학생에서 교수로의 신분 변동이 아니고 박사학위 취득을 기준으로 삼아야 한다. 유학 목적이 취업이 아니라 '박사학위'가 최종 목적이기 때문이다. 이처럼 유학의 목표를 '박사학위 취득'을 기준으로 삼는다면, 정 후보자는 1977년 말에 논문을 완성하고 1978년에 졸업하게 되므로 1978년에 유학 목적을 달성한 셈이다.

설령 백 보를 양보해서 유학 목적 달성이라는 백 의원의 논리를 따른다고 하더라도, 정 후보자는 1976년에 귀국하지 않고 박사학위를 받기 위해 1978년까지 미국에 체류해야 했다.

또한 백 의원은 정 후보자가 교수로 신분이 변동된 1976년 6월에 귀국하면 당연히 군대에 입대했을 것이라는 가정을 마치 사실인 양 이야기하고 있는데, 정 후보자는 그때 귀국했더라도 당시의 대한민국 병무행정상 군대에 가고 싶어도 갈 수 없었다.

그 이유는 병무행정 체계 때문이다. 병무청은 입대 자원, 즉 모병 규모를 확정할 때, 그 전해에 다음 연도 계획을 수립하고 통지서를 입대 대기자들에게 개별 발부한다. 백 의원의 주장을 따르더라도 정 후보자가 귀국해야 했을 것이라는 1976년도 입영자는 이미 1975년에 계획된 자원 규모에 따라 정해져 있었을 것이다. 따라서 정 총리는 1976년에 귀국했더라도 33년 뒤 있을 '국무총리 인사청문회'를 대비하여 군에 입대하고 싶어도 1976년에는 입대할 수 없었고, 1977년도에 입대해야 했다.

그런데 정 후보자는 병역법에 의한 고령으로 1977년 1월 1일 병역을 면제받기 때문에 군에 입대할 수도 없고 그럴 필요도 없었다. 마치 청문위원이었던 강운태 의원 개인의 신체적 이유로 인한 고령 면제와도 같이. 이와 같이 정 후보자는 병역과 관련해서 편법을 사용하여 병역을 기피한 적이 없다는 사실을 확인할 수 있다.

하지만 이러한 사실에도 불구하고, 청문회가 끝난 다음 경실련은 정 총리후보자의 병역과 관련하여 다음과 같은 성명서를 발표했다(2009.9.26).

> 병역문제에 대해서도 명쾌하게 해명하지 못하고 있다. 법적 문
> 제와 별도로 '과연 병역문제를 가계 상황에 따라 연기해 놓고,
> 또 다른 조건이 되어 외국유학을 가고 이에 따라 변책받은 정 내
> 정자와 같이 개인적 편의에 따라 다루어야 할 문제인지' 묻지 않
> 을 수 없다.

경실련이 청문회를 조금 더 세심하고 주의깊게 시청했더라면 정
총리후보자의 병역이 이처럼 "명쾌하게 해명되지 않았다"는 식의 평
은 내놓지 않았을 것이다. 백 의원 주장이 '잘못 이해한 병무행정 용
어'에서 출발한 것이었음이 입증되었기 때문이다.

따라서 청문회에서 충분하고도 남을 정도로 병역 문제가 해명되었음
에도 불구하고 경실련이 정 총리 병역에 문제가 있다고 주장한 것은 다
음과 같은 백 의원의 발언에 동조한 것으로 판단할 수밖에 없다.

다음은 청문회에서의 백 의원 발언이다.

백원우 위원
부선망 독자가 유학용 혜택은 아니지요?
유학을 가라고, 아까 입법 취지에 맞춰서 보면 부선망 독자는 어머니를

잘 부양하라고 그런 병역 혜택을 주는 것이지 그것도 양자로 입적해서,
원래 아니었는데 양자로 입적해서 법적으로 부선망 독자가 됐고, 그래
서 합법적인 방법으로 병역이 연기됐고, 그런데 그것을 갖고 해외 유학
가서 돌아오지 말라고 하는 것은 아니지요?
그렇게 해석을 하는 게 맞지요?

즉, 백 의원은 부선망 독자는 군 복무를 마칠 때까지 자신의 미래를
위해 유학 같은 것은 가지 말고 오직 국내에서 "생계를 꾸려" 가는 것 외
에 다른 데는 신경쓰지 말라는 무서운 요구를 하고 있다. 군사독재 시절
도 아니고, 어떻게 개인의 인생 계획을 군 복무를 마칠 때까지 희생하라
는 말을 이처럼 쉽게 할 수 있는가? 이해할 수 없다.

청문회 과정에서 정 후보자는 이렇게 답변했다. 조순 교수가 한국은
행을 방문했다가 은행 창구에서 일하고 있는 본인을 불러, 이제 해외로
나가서 공부를 더 해보면 어떻겠냐고 조언을 한다. 조 교수가 추천을 해
줄 테니 고민을 해보라면서. 이런 제의를 받게 된 정 후보자는 홀어머니
때문에 한동안 망설이다가 당시 군대를 제대한 후 회사에 취직한 형과
상의를 했다. 그러자 형은 "어머니는 이제 내가 책임질 테니……걱정 말
고 유학을 가라"고 했다. 정 후보자는 그때 형의 격려와 충고로 유학을
결심하게 되었다고 한다.

이러한 부차적인 설명에도 불구하고 백 의원은 정 후보자에게 '왜 군

대 가지 않았느냐! 스스로 국방부를 찾아가서 자진입대하지 않았느냐! 건방지게 부선망 독자가 생계에나 신경쓰지 왜 유학을 갔느냐! 개인의 인생 계획은 병역을 위해서라면 과감하게 희생해야 하는 것 아니냐고 공격하고 있는 것이다.

이처럼 백 의원은 마지막까지 자신의 실수와 오류를 인정하지 않고 초지일관 고의 병역기피 의혹을 주장했다.

최소한 정 총리가 군복무를 이행하지 않은 데 대해 의혹을 갖고 추궁하려면 첫째, 70년대 부선망 독자들 중 해외에 간 사람만 제외하고 모두 병역 의무를 마쳤다는 자료, 둘째, 첫째 조건이 광범위하면 정 총리의 주소지가 있었던, 예를 들어 공주 출신의 국내 거주 부선망 독자 중 정 총리를 제외하고 모두 병역 의무를 마쳤다는 정도의 데이터, 셋째, 대한민국 국방부는 국민이 자신의 인생 계획대로 진행하기 위해 원하면 언제든지 희망 날짜에 입영하도록 해준다 정도의 서류와 사례를 제시해야 할 것이다.

그런데 백 의원의 기대와 예상에도 불구하고 70년대에는 불행하게도 입영 대상 자원 중 평균 54~67%만 입영했을 뿐이라는 기록이 국방부에 있다. 즉 당시는 입영 자원이 넘쳐났던 것이다. 정상적인 입영 대상자도 넘쳐나는 상황에서 국방부가 '부선망 독자'로 가계를 책임져야 할 자원을 입대시켜야 할 이유가 있었을까?

이처럼 정 총리 병역 건은 하등의 의혹이 있을 수 없는 사안이었다.

그럼에도 불구하고 민주당은 병역 의혹을 끊임없이 제기했고, 흠집내는 데 성공했다. 시민단체는 물론 이런 야당 입장에 동조하는 국민들은 지금도 열심히 '병역기피 의혹'이 있다고 믿고 있으니 나름대로 큰 성공을 거둔 셈이다.

참고로, 정운찬 후보자의 결혼은 세상에 다 알려진 것처럼 장인(당시 예비역)의 반대가 심해 스승인 조순 당시 서울대학교 경제학부 교수가 나서서 장인을 설득하여 이루어졌다. 지금의 부인을 처음 만난 때가 1969년이었고, 연애가 잘 성사되기까지는 당시 부인과 같은 미대를 다녔던 후배 김민기의 도움도 있었다. 홀어머니에 쥐뿔도 없는 가난한 집안의 청년과 장군의 딸과의 연애는 순탄치 않았다. 당시 세태로는 보통 연애가 시작되면 1년 안에 결혼을 했는데, 4년이 걸린 것을 보면 결혼에 이르기까지 여러 장애물이 곳곳에 있었음을 짐작할 수 있다. 그것도 1973년에 미국에서 결혼을 해야 했으니.

한국전쟁에도 참전했던 장인은 1966년에 육군소장으로 국방부 병무국장을 지냈고, 1968년도에 2군 부사령관을 지냈다. 1971년에 보충역 판정을 받고 그해 유학생 자격시험을 '겨우' 통과한 정 후보자의 신원보증은 당시 서울대학교 경제학부 교수였고 나중에 국무총리를 역임한 이현재 교수가 해주었다. 이미 병역 문제는 국가가 필요하면 언제든지 호출할 수 있는 장치를 해두었기 때문에 정부는 정 후보자의 유학을 승인해 준 것이다. 따라서 장인은 이 시점에 끼어들 여지도 없었고, 할 필요도 없었다.

그리고 가정교사를 했던 학생의 부모가 병역 문제를 도와주지 않았
냐는 백 의원의 질의에는 정 후보자가 아주 자세한 보충설명까지 곁들
였다. "그 학생의 오빠가 있는데, 그 오빠가 나하고 고등학교 친구입니
다." 그리고 그때는 누구에게 도움을 받을 필요가 없었다. 이미 유학 준
비가 끝난 상태였기 때문이다.

작은아버지에게 양자로 입적	1965년	고등학교 2학년
작은아버지 사망	1966년 10월	미래의 장인 병무국장(육군소장)
	1967년 3월 30일	병역법 개정 '부선망 독자 제도' 신설
논산 입대(신검 받으러), 부선망 독자 제도로 '연기'	1968년	미래의 장인, 2군 부사령관
	1969년	미래의 부인과 데이트 시작
징병검사	1970년 12월 15일	
	1970년 12월 30일	병역법 개정 – 부선망 독자 보충역도 해외여행 가능
보충역 판정	1971년 2월 8일	
유학생으로 출국	1971년	
혼인신고	1972년 10월	
어머니 사망(가족이 알리지 않음) 한참 후에 알게 됨	1973년 1월	
미국에서 결혼	1973년	
컬럼비아대학 교수 임용	1976년 7월	
고령으로 군면제	1977년 1월 1일	
서울대학교 조교수 임용	1978년 12월	귀국

2

학계가 인정하지 않는
논문 중복게재 주장

독고윤 교수의 발언을 통해 정 총리가 발표한 논문에는 그동안 민주당이 주장한 표절, 자기표절,
중복게재 등 어느 것 하나 해당하는 것이 없음을 확인할 수 있다. 결국 민주당 청문위원들이
독고윤 교수에게 질의하지 않은 이유는 질의응답을 통해 정 후보자의 논문에 문제가 없음을
확인시켜 주거나 자신들의 잘못을 인정하지 않기 위한 것이었다.

　　　　　　　정 총리에 대해 제기한 의혹들이 황당하
고 허무맹랑하며 무책임하다는 것은 정 총리에 대한 최초의 의혹 주장
에서부터 확인할 수 있다. 민주당 박지원 정책위 의장은 9월 8일 정 총리
후보자에 대해 "학자로서 논문 검증을 해보려 했더니 20여 년간 논문을
한 편도 안 썼다"면서 "공부를 안 한 학자가 총리로서 본분을 하겠느냐"
고 공개석상에서 공격했다.

　총리로 지명되기 전까지 서울대학교 울타리를 벗어나지 않고 학문을
연구하고 학생들을 가르쳐 온 정 총리후보자에게 있어 '학자'를 부정당
하는 것은 그의 인생 전체가 부정당하고 매도당하는 것과 같다. 따라서
박 의원은 자신의 변명같이 "보좌진들이 국회도서관에서 탐구한 결과"
가 허위임이 밝혀졌다면 '정치'를 떠나서 사과하는 것이 그래도 한국 정

치사의 거인인 김대중 전 대통령을 모셨던 정치인이라 할 것이다. 그러나 박 의원이 직접 공개적으로 사과했다는 기사를 보지는 못했다.

박 의원 주장 이후에도 민주당은 참여정부의 김 전 부총리가 논문 중복게재로 낙마한 경험 때문인지 교수 출신인 정 후보자의 취약점이 논문 중복 문제라고 판단한 듯 정 후보자의 논문을 샅샅이 뒤지고 정 후보자가 논문을 중복게재했다고 언론에 통크게 발표했다.

민주당 최재성 의원은 9월 20일 정 후보자가 23편의 논문을 중복게재했다는 보도자료를 냈다.

1. 최 의원은 "정 후보자의 논문을 검토한 결과, 이중게재 및 다중게재, 짜깁기의 방식으로 서로 얽히고 설켜 있는 거미줄식 중복게재가 심각"하다며,
2. "1998년 발표한 논문 「한국경제, 거품의 붕괴와 제도개혁」, 「한국 자본주의의 전환을 위한 제언」과 2001년 내놓은 「IMF 구제금융 이후의 한국경제」의 경우 다른 수편의 논문에 별도 표기 없이 중복게재했고",
3. "「한국경제, 거품의 붕괴와 제도개혁」, 「한국 경제위기의 원인과 개혁 방향」, 「IMF와 한국경제」 등에 대해서는 서로 비슷한 문구를 사용, 다중게재 의혹"이 있으며,
4. "2001년 발표한 「내가 본 한국경제-1997년 위기 이전과 이후」의 경우 이전의 다른 두 논문을 짜깁기한 의혹" 등이 있다고 주장했다.

　　언론도 이러한 주장을 단순 보도하는 데 그치지 않고, 자체 조사를 통하여 한글 논문(「우리나라 은행산업의 효율성」)이 영문으로 번역되어 또 다른 잡지에 게재되었다고 보도하거나 몇 편의 논문이 이중게재되어 논란이 예상된다고 보도함으로써 정 총리의 '학자적 도덕성'에 대한 의혹이 확산되는 데 일조했다.

　　이러한 보도와 주장에 뒤이어 따라오는 것이 참여정부의 김 전 부총리 겸 교육인적자원부 장관의 사례였다. 즉, '논문을 중복게재' 했고, '표절'했으니 김 전 부총리처럼 사퇴하라는 유·무언의 압력이었다.

　　그러나 정 총리후보자와 김 전 부총리의 '논문 중복게재' 주장은 본질적으로 차이가 있고, 의혹 제기 자체에 문제가 있음이 곧 드러났다. 그러면 어떤 점에서 차이가 있고, 학계의 반응은 어떠했는지 살펴보기로 하자.

민주당과 일부 언론의 '논문 중복게재' 주장에 학계의 반응 신중

우선 학계의 반응이다. 민주당과 일부 언론은 정 후보자도 김 전 부총리처럼 학계에서 논란이 확산되어 자진사퇴하거나 여론을 동원해 사퇴시킬 수 있을 것으로 생각한 듯하다. 민주당 지도부와 청문위원들은 큰일 났다며 온갖 매체를 통해 "정운찬은 가짜"라고 선언했다. 하지만 김 전 부총리 때와 달리 학계의 반응은 조용하고도 신중했다. 학자들은 말을 아끼는 듯했다.

　　김 전 부총리 때에는 '민주화를 위한 전국교수협의회(민교협)' 가 성명을 통해 김 부총리의 사퇴를 촉구하기까지 했던 반면, 정 후보자에 대해서는 그 어떤 특별한 반응도 보이지 않았다. 언론과의 개별 인터뷰에서도 "이전에 쓴 자기 연구 내용을 가져와 쓸 경우 모두 출처 표시를 해야 하지만, 그럴 수 없는 경우도 있다. 단순히 글이 비슷하고 같다고 자기표절로 몰아갈 것은 아니다"(아주대 경영학과 독고윤 교수), 또는 "정 후보자가 한글 논문과 영어 논문을 각각 낸 것 자체는 이중게재가 아니다. 다만 정 후보자가 한글 논문의 존재를 적시하지 않은 점은 아쉬운 일이다"(민동필, 「논문 중복게재, 불법과 합법 사이」, 〈중앙일보〉 시론, 2009.9.17)라는 신중한 반응을 보였을 뿐이다.

이처럼 논문 중복게재 문제와 관련하여 정 후보자와 김 전 부총리에 대한 학계의 반응이 다른 것은 왜일까.

김 전 부총리 건은 일반인의 기준으로도 '학자로서 용인되지 않는 심각한 윤리 문제'를 어겼기 때문이다. 당시 언론보도에 따르면 김 전 부총리는

1. 제자의 박사학위 논문의 상당부분을 베꼈다고 한다. 데이터를 그대로 갖다 썼고, 문장도 상당부분 일치한다고 한다(김 부총리는 이에 대해 "제자보다 먼저 논문을 썼기에 제자 논문을 표절한 것이 아니다"라고 주장했다).
2. 연구비를 이중 수령했다. 서울시 의회에서 연구비를 받아 연구 보고서를 제출하고, 이를 다시 BK21 연구 실적으로 제출하여 연구비를 수령했다.
3. 중복게재도 심각한 수준이다. 한양대 지방자치연구소 학술지 발표

「지방자치단체의 개방형 임용에 대한 소고」(2001.1)를 국민대 사회
과학연구 학술지에 「지방자치단체의 개방형 임용제에 관한 연구」
(2001.12)로 제목만 바꿔 게재했다. 더욱이 이 두 논문을 BK21 연구
실적으로 등록까지 했다.

이처럼 김 전 부총리 사례는 정 후보자와는 본질적으로 다르다. 그럼
에도 김종률 의원은 논문 이중게재와 표절로 몰아갔다.

김종률 위원

그러시지요?

그 다음에 논문하고 관련해서 간단하게 하나만 먼저 묻겠습니다.
2001년 한국행정학회 학술대회 논문집 「내가 본 한국경제–97년 위기 이
전과 이후」, 그리고 이것은 98년 「IMF와 한국경제」라는 논문의 50% 이
상을 무단 인용하고 표절한 겁니다. 즉 18쪽 논문의 9쪽 정도의 분량이
출처나 인용 표시가 전혀 없습니다. 이것에 대해서 표절을 인정을 하십
니까?

국무총리 후보자 정운찬

인정하지 않습니다.

김종률 위원

이중게재는 인정합니까?

국무총리 후보자 정운찬

정당한 이중게재라고 생각합니다.

김종률 위원

후보자 스스로 만든 서울대 윤리규정 2006년도에 만든 것을 보면, 다른 언어로 중복하여 출간하는 그런 경우를 제가 묻는 게 아니고, 이렇게 이중게재로 연구자 본인의 동일한 연구 결과를 인용 표시 없이 동일 언어 또는 이중게재로 이것은 연구 부적절 행위에 해당할 수 있다라는 규정을 직접 만드신 적 있으시지요?

국무총리 후보자 정운찬

날짜는 모르겠습니다만 그런 기억은 있습니다.

김종률 위원

그것하고 비교해서 판단해 보시기 바랍니다.

국무총리 후보자 정운찬

예, 제가…….

김종률 위원

마지막으로 제가 시간이 없어서 마무리를 하겠습니다.

국무총리 후보자 정운찬

위원님, 제가 판단을 할까요?

인사청문회에는 '참고인' 제도가 있다. 청문위원과 후보자 간에 대립이 생길 때, 청문위원들의 이해도 돕고 국민들의 이해를 도와 국민들이 현명한 판단을 내릴 수 있도록 관련 전문가를 참고인으로 출석시켜 질의응답을 통해 관련 문제에 대한 견해를 묻고 확인하는 제도다.

논문 검증의 '저승사자' 독고윤 교수에게 질의 전혀 안 한 해

정운찬 총리후보 지명자 인사청문회에는 논문 문제와 관련하여 표절·중복게재 등을 전문적으로 검증하기 때문에 '저승사자'라는 별명을 갖고 있다는 아주대 독고윤 교수가 참고인으로 참석했다. 독고윤 교수는 매우 중요한 참고인이므로 민주당 청문위원들은 정 후보자의 논문과 관련하여 상당한 시간을 질의응답에 할애할 것으로 예상했다. 정운찬 전 서울대 총장이 '총리'로 지명된 뿌리가 '경제학자'였기 때문이다. '학자로서의 도덕성'이 훼손된다면 정 후보자는 총리 임명장을 받기도 전에 자진사퇴할 수밖에 없는 상황이었다.

그러나 정작 독고윤 참고인은 한나라당 정옥임 의원과 짧은 답변만 주고받고 귀가했다. 민주당 의원들이 질의하지 않았기 때문이다. 23편의 논문 중복게재를 주장한 최재성 의원조차 논문 문제와 관련해서는 단 한마디도 질의하지 않았다. 오히려 독고윤 참고인의 귀가를 막고 논문 중복 문제를 명확히 해야 한다고 주장한 사람은 정 후보자였다.

그 이유는 정옥임 의원과 독고윤 참고인 간의 다음과 같은 청문회 속기록을 보면 알 수 있다.

鄭玉任 委員
좀더 쉽게 말씀을 드리자면…….

참고인 독고윤
쉽게 하면 이렇게 하겠습니다.
내가 내 자동차를 사용해서 출근하는 행위는 정당하게 다시 쓰는 것이고 내가 내 자동차를 어디다 갖다 버리고 그걸 보험회사에다 보고를 해서 보험금을 타먹는 행위는 자기가 자기 것을 훔치는 행위입니다.
그래서 특히 자기표절에 관해서는 매우 어려운 기준이기도 하지만, 가장 자기표절이냐 자기표절이 아니냐를 구분하는 것이 다른 독자군을 상대로 할 때는 자기 것을 재사용하게끔 허용을 합니다.

위 독고윤 교수의 발언을 통해 정 후보자가 발표한 논문에는 그동안 민주당이 주장한 표절, 자기표절, 중복게재 등 어느 것 하나 해당하는 것이 없음을 확인할 수 있다. 결국 민주당 청문위원들이 독고윤 교수에게 질의하지 않은 이유는 질의응답을 통해 정 후보자의 논문에 문제가 없음을 확인시켜 주거나 자신들의 잘못을 인정하지 않기 위한 것이라 할 수 있다.

청문위원들은 정 후보자의 학문적 도덕성에 문제가 있는지를 확인하기 위해 정 후보자가 발표한 논문을 검토할 수 있고, 중복된 논문이 있다면 '중복·표절 의혹'을 제기할 수 있다. 그리고 사실 여부를 확인했다면 국민들에게 그 결과를 정확히 알려 줄 의무도 동시에 갖고 있다.

추측컨대 민주당은 '학자적 도덕성'이 무너지면 정 후보자에 대한 다른 것은 더 이상 검토할 필요도 없다고 생각한 듯하다. 왜냐하면 김 전 부총리 역시 논문 문제로 사퇴했던 기억이 생생히 살아 있기 때문이다. 자체 조사와 판단에 따라 지도부와 청문위원들은 기자회견과 인터뷰, 당 회의 등을 통해 지속적으로 강도 높게 '논문 중복게재'를 반복 주장하며 김 전 부총리와 비교했다. '학자로서의 도덕성'에 흠집을 내면서 다른 한편으로는 틀림없이 자신들 주장의 '신뢰성'을 높이기 위해 학계의 의견도 받았을 것이다.

그러나 민주당의 희망과는 달리 학계에서 보낸 의견 대부분은 그들의 주장에 동조하지 않거나 신중한 의견이었을 것이다. 만일 정 후보자의 논문에 문제가 있다는 의견이 약간이라도 우세했다면 청문회에서 집중 공격하여 '교수' 출신인 정 후보자가 스스로 사퇴하지 않을 수 없도록 도저히 감내하기 어려운 '학자임을 부정하는' 모욕적 별명을 붙였을 것이다.

평생을 학자로서 서울대를 벗어난 적이 없는 정 총리에게 '논문 문제'는 민주당이 '민주화 세력의 중심', 또는 '고 김대중, 고 노무현 대통령의 철학을 계승한 정당'이라는 평가를 부정당하는 것과 같은 의미를 갖는, 자신의 정체성과도 관련 있는 아주 중요한 문제다.

따라서 민주당이 책임 있는 정당이라면 그동안 자신들이 제기한 '논문 중복게재' 주장에 문제가 있다는 것이 밝혀진 이상 사과는 하지 않더라도 최소한 청문회 이후에는 '논문 문제'와 관련하여 정 총리를 공격해서는 안 될 것이다. 그럼에도 불구하고 청문회 이후에도 정 총리를 공격하는 재료로 '논문 문제'를 포함시키는 잘못된 행태를 계속한 것은 개탄스러운 일이 아닐 수 없다.

3

'포천 교수촌 마을'
위장전입 논란

정 총리후보자가 받고 있는 위장전입 혐의는 다음과 같다. 1988년 2월 5일 주소지를 경기도 포천시 내촌면 마명리로 옮겼다가 50여 일이 지난 그해 4월 1일 다시 서울 방배동으로 원위치한 것, 달랑 그 한 건이다. 주민등록을 옮겨서 생긴 결과물도 전혀 없다. 과연 이것을 위장전입이라고 낙인찍을 수 있을까? 평생 동안 실거주지와 주민등록이 일치하지 않은 것은 이때 단 한 번뿐이다. 그것도 실제 거주를 목적으로 주민등록을 옮긴 것이다. 이는 당시 집단이주 계획을 세웠던 친구들이 지금도 그곳에서 거주하고 있는 것을 보면 확인할 수 있다.

　　　　　'위장전입'에 대한 우리나라 국민들의 정서는 매우 부정적이다. 위장전입 대부분이 '부동산 투기'의 수단이기 때문이다. 부동산 투기는 경제구조를 왜곡시키고, 서민들의 가슴을 피멍들게 하는 원흉이다. 부동산을 이용한 재산 증식 없이 순수한 근로 대가만을 모아서는 일생 동안 서울에서 아파트 한 채 소유하기 어려운 게 사실이다.

　　그래서 성실하게 살려는 사람을 더욱 어렵게 만드는 부동산 투기 목적의 '위장전입'에 대해서 국민들이 용서하지 않는 정서를 갖게 된 것이다. 그러나 같은 위장전입이라도 맹모삼천(孟母三遷)을 실천하기 위한 '자녀교육 목적'의 위장전입에 대해서는 '부동산 투기 목적의 위장전입'에 비해 양해하는 정서도 일부 있다.

그런데 민주당과 일부 시민단체, 언론은 정 총리후보자를 '위장전입자'라고 낙인찍었다. 부인의 주소지가 1988년 2월 5일 '경기도 포천시 내촌면 마명리'로 옮겼다가 50여 일이 지난 4월 1일 다시 서울 방배동으로 원위치한 것으로 주민등록상에 나타나기 때문이다.

과연 이것을 위장전입이라고 낙인찍을 수 있을까? "거기서 살지 않으면 위장전입"(청문회 최재성 의원 발언)이라고 하니 위장전입이 맞다고 하자. 그런데 주민등록을 옮겨서 생긴 결과물이 아무것도 없다. 통상적으로 지금까지 위장전입으로 거론된 사람들처럼 '부동산을 구입한 흔적'도 없고, 아니면 포천시 내촌면 마명리에 명문고등학교가 있어 자식 교육을 위해 옮겼나 확인해도 없다. 혹 대안학교! 그것도 없다. 그러면 왜 옮겼을까?

언론에서는 초기에 이렇게 추측했다. "현지 부동산중개업소와 주민들에 따르면 해당 지역은 서울에서 한 시간 남짓한 거리로 서울 접근성과 주변 경관이 좋아 외지인들에게 인기가 있었으며, 대학교수들이 집단으로 거주했다고 한다. 이 때문에 당시 최씨의 주민등록 이전은 땅 구입 등 '투기'와 관련이 있을 것이란 추측이 나온다"(〈세계일보〉 9. 14).

'부동산 투기를 목적으로 한 게 아닐까?' 라고 추측한 것이다. 그래서 민주당 인사들은 청문회 이전부터 강력히 주장한다. "과거 국민의 정부와 참여정부에서는 '위장전입'한 것만으로도 인준을 받지 못했고, 사퇴했다. 그러니 정 총리후보자도 사퇴해야 한다"고. '장O 총리후보 인준 거부' 경험 때문이었다.

장 최고위원은 9월 18일 라디오 등 각종 언론과의 인터뷰에서 "당시 청문회에서 한나라당의 정치공세와 일부 언론의 왜곡 과장 보도로 쓴 잔을 마셨다"면서 "자부하는 삶이었는데 청문회 과정에서 문제 있는 사람으로 낙인찍혔다." 이어 위장전입 의혹이 일고 있는 정운찬 총리후보자 등을 겨냥해 "똑같은 사안임에도 누구는 낙마하고 누구는 인준된다면 청문회가 아니라 후보자의 운을 시험하는 장 그 이상도 그 이하도 아니다"라고 비판했다(〈데일리안〉 9.18).

그렇다면 정 총리후보자와 장 최고위원, 그리고 국민의 정부와 참여정부에서 '위장전입'으로 지적받은 사람들의 내용을 비교 검토해 보기로 하자.

실제 거주를 목적으로 주민등록 옮겼다가 중도에 포기하고 원위치

정 총리후보자가 받고 있는 위장전입 혐의는 다음과 같다. 앞에서 이야기했듯이 1988년 2월 5일 주소지를 경기도 포천시 내촌면 마명리로 옮겼다가 50여 일이 지난 그해 4월 1일 다시 서울 방배동으로 원위치한 것, 달랑 그 한 건이다.

이에 대한 정 총리후보자 해명은 다음과 같다. 청문회 속기록을 통해 확인해 보자.

백원우 위원

후보자의 부인이 마명리에 주소를 옮겨놓으셨습니다. 사시지는 않으셨지요?

국무총리 후보자 정운찬

예.

백원우 위원

추호도 없다라고 하셔도, 의도는 없으셨다라는 것 이해하겠습니다. 그러나 현상적으로 결과적으로 살고 있지 않은 곳에 주민등록이 되어 있으면 그것은 위장전입입니다.

국무총리 후보자 정운찬

위원님, 하나만 고려해 주십시오. 제가 일생 동안 땅을 한 평도 가져 본 적도 없고 산 적도 없고 판 적도 없습니다.

백원우 위원

아파트 대지 지분이 있기 때문에 땅을 사신 겁니다.

국무총리 후보자 정운찬

그것 빼놓고는 없습니다.

국무총리 후보자 정운찬

위원님, 제가 88년에 그 동네 가서 살 생각으로 가서 잠깐 실험을 했던 겁니다. 그 이상의 것은 아닙니다.

백원우 위원

차도 없으셨잖아요?

국무총리 후보자 정운찬

없었습니다.

백원우 위원

그러면 버스로 직선거리로 55㎞가 되는데…….

국무총리 후보자 정운찬

버스로 가서 제 친구가 데리러 나왔습니다.

백원우 위원

그러면 버스로 가셔서 가서 보시고 괜찮으시니까 주민등록을 옮겨놓으셨을 거 아니에요? 주민등록 옮기기 전에는 가보시지도 않으셨습니까?

국무총리 후보자 정운찬

아니요, 갔었습니다.

백원우 위원

그러면 주민등록 옮기기 전에 가보셨을 때는 괜찮았는데 주민등록을 옮겨놓고 나서 또 가보니 차도 없는데 너무 멀어서 안 되겠다 그래서 포기하셨다, 말씀하신 것을 따지면 그렇게 됩니다, 그렇지요?

국무총리 후보자 정운찬
예.

백원우 위원
그러면 주민등록을 옮기기 전에 가보셨을 때는, 그때도 버스로 가셨든가…….

국무총리 후보자 정운찬
예, 제 친구가 괜찮은 차를 하나 사면 거기서 서울대학까지 한 40~50분이면 가니 같이 살자고 권유를 했습니다.

백원우 위원
거기서 서울대학교까지는요? 88년도에…… 저희 시골집이 그쪽입니다. 포천군 내촌면인데요, 그 당시에 도로가 없던 시절에 치면 서너 시간 걸립니다, 차로 달려도.

국무총리 후보자 정운찬
아니요, 그렇지 않습니다. 제가 여러 번 가봤습니다.

백원우 위원
여러 번 가보셨어요?

국무총리 후보자 정운찬

예, 등록되어 있는…….

백원우 위원

왜 여러 번 가보셨어요?

국무총리 후보자 정운찬

그 50일 동안, 주민등록 되어 있을 동안에 사실은 살지는 않았지만 주말에도 가고 주중에도 가고 아주 여러 번 갔었습니다. 갈 때마다 제 친구가 버스 정거장까지 데리러 오고 데려다 주고 했습니다. 그렇게 많은 시간은 걸리지 않았습니다.

정 총리후보자 부인이 포천으로 주민등록을 50일간 이전했다가 원위치함으로써 '위장전입' 의혹을 받게 된 사연의 전말은 이렇다.

정 총리후보자 친구 중에 포천에 땅을 많이 가진 사람(당시 고려대학교 교수)이 있었다. 그는 자기와 친하거나 같이 살고 싶은 주변의 교수 친구들에게 포천에 모여 같은 동네에서 연구하며 살자고 권했다. 정 총리후보자는 그것도 괜찮겠다는 생각과 프린스턴처럼 멋진 전원주택에서 살아 보고 싶은 소망도 있어서 포천으로 이주 계획을 세우게 된다. 당시 그곳은 거주자만 땅을 구입할 수 있었기 때문에 부인이 우선 주민등록을 옮긴다. 그리고 50여 일간 꿈을 키우며 살게 될 동네와 예정지를 여러 차례 방문한다. 하지만 오고 갈수록 도저히 그곳에서 살 자신이 없어진다. 그래서 고민 끝에 이주 계획을 포기하고, 부인 주민등록을 다시 방배동으로 원위치시킨다. 그러나 다른 친구들은 전원주택 계획을 실천에 옮겨 지금도 그곳에서 살고 있다. 오래전부터 현지 주민들은 그곳을 '교수촌'이라고 부른다.

평생 동안 실거주지와 주민등록이 일치하지 않은 것은 이때 단 한 번뿐이다. 그것도 실제 거주를 목적으로 주민등록을 옮긴 것이다. 이는 당시 집단이주 계획을 세웠던 친구들이 지금도 그곳에서 거주하고 있는 것을 보면 확인할 수 있다.

자, 그러면 정 총리후보자에게 '이율배반적'이라는 낙인을 찍고자 했지만 정작 무엇이 이율배반적인가를 장 최고위원의 사례를 통해 살펴보자.

먼저 장 최고위원은 주민등록 이전 횟수가 1979~1988년 사이에 다섯 차례로 2년에 한 번 꼴이다. 이에 대한 것을 2002년 7월 29일자 〈중앙일보〉 기사에서 살펴보자.

[張서리 인사청문회] 위장전입 논란

29일 장상(張裳) 국무총리서리 인준을 위한 인사청문회에서는 부동산 투기 논란이 가장 큰 이슈였다. 張서리가 실제로는 이사를 하지 않고 주민등록만 옮겨 가는 방식으로 아파트 투기를 했다는 의혹이 새롭게 제기됐기 때문이다.

한나라당 심재철(沈在哲)·이주영(李柱榮) 의원은 "張후보자가 1980년대에 잠원·반포·목동 등 세 곳의 아파트에 불법 위장전입을 했다"고 지적했다. 의원들은 "총리가 되면 국민들에게 부동산 투기를 하지 말라고 할 수 있겠느냐"고 주장했다. 張서리는 "주소를 옮긴 것은 시어머니가 했기 때문에 잘 모른다"고 해명했다.

◇위장전입·투기 논란=張서리는 79년 9월 18일부터 88년 2월 25일까지 서대문구 대현동 무궁화아파트에서 살았다. 실거주지다. 남편, 아들 두 명, 시어머니, 가정부와 함께 있었다.

沈의원의 주장에 따르면 이 집은 남편인 박준서(朴俊緖) 연세대 교수 소유로 실제 살기 시작한 지 1년 5개월이 지난 81년 2월에야 소유권 등기를 했다고 한다.

張서리는 이 기간 중에 강남구 잠원동 신반포 한신 7차 아파트(35평)를 분양받았다. 張서리는 분양받은 후 그 집으로 주민등록만 옮긴 뒤 6개월 보름 만에 팔았다. 沈의원은 "집이 있으면서도 등기를 미뤄 무주택자로 있으면서 분양을 받았다"며 "그후 위장전입을 해 실거주 의무 기간인 6개월을 채운 뒤 팔았다"고 지적했다.

張서리는 "대현동 아파트는 전세로 살고 있었는데 아파트 시공사가 부도 나는 바람에 은행 빚을 안고 집을 샀다"면서 의도적으로 소유권 등기를 늦춘 게 아니라고 설명했다. 또 "한신아파트를 곧바로 판 것은 대현동 무궁화아파트를 소유하게 됐기 때문"이라고 말했다.

선교부 관계자는 "당시 아파트를 분양받으면 전매 제한을 받았는데 그 기간이 6개월"이라며 "전매 제한 기간을 지키지 않고 아파트를 팔면 정도에 따라 검찰 고발, 청약 자격 제한, 세무조사 등을 실시했다"고 설명했다.

張서리는 85년 1월 16일부터 2개월 20일간 강남구 반포동 반포아파트(42평)로 주소를 옮긴다. 朴교수도 함께 주소를 옮겼다. 실거주지는 여전히 대현동 무궁화아파트였다.

沈의원은 "이름을 옮긴 뒤 '실거주자 우선분양권'(속칭 딱지)을 받아 전매했을 것"이라고 추정했다. 張서리는 "전혀 모르는 얘기", "3년 전까지만 해도 시어머님(91)이 (살림을) 총지휘했다. 시어머니가 한 것 같은데 알츠하이머 병을 앓고 있는 시어머니에게 물어 볼 수도 없는 노릇"이라고 말했다.

87년 2월에는 목동아파트(55평)를 분양받은 뒤 주민등록만 옮겨 놓고 1년 후에야 입주했다. 沈의원은 "張후보자가 실거주 의무를 다하기 위해 주소만 옮겨둔 것"이라며 "이는 명백한 위장전입으로 주민등록법(제10조)을 위반한 것"이라고 주장했다. 張서리는 "당시 친정어머니가 돌아가셨고 나도 큰 수술을 했다. 그래서 주소만 옮기고 이사는 늦어졌다"고 해명했다.

송상훈 기자 〈modem@joongang.co.kr〉
-〈중앙일보〉 2002.7.29

정 총리후보자와 장 최고위원의 주민등록 이전 기록을 다시 정리해서 비교해 보자.

구 분	정 총리	장 최고위원(1979~1988)
주민등록 이전 횟수	1회	5회
주민등록 이전시 부동산 구입 여부	없음	실거주지 : 서대문구 대현동 상황에서 – 잠원동 신반포 분양받음(주소 이전 6개월 후 매매) – 강남구 반포동으로 주소 이전 – 목동아파트 분양받고 주소 이전, 1년 뒤 실거주
목 적	거 주	?

사실이 이러한데 정 총리후보자와 장 최고위원을 같은 '위장전입'이라고 과연 몰아붙일 수 있을까? 정 총리후보자 사례를 부정적 의미에서 이야기하는 위장전입이라고 주장할 수 있는지 의문이다.

계속 다른 사례를 살펴보자. 언론과 민주당은 "위장전입 하나만으로도 과거 정권에서는 사퇴했다"고 주장하고 있으나, 그들이 과연 정 후보자처럼 실제 거주를 목적으로 부동산을 구입한 것인지 살펴보자.

참여정부 시절 최○○ 국가인권위원장 사례다. 최 위원장의 부인 신모 씨는 지난 1982년 경기도 용인시 모현면 오산리의 논 807㎡, 밭 2240㎡ 등 농지를 사기 위해 주민등록을 서울 강남구 압구정동에서 농지 근처인 오산리로 옮겼다. 그러나 주소지로 나오는 오산리에 신씨가 산 적은 없으며, 신씨는 농지를 취득한 지 10여 일이 지난 뒤인 7월 주민등록을 다시 서울 강남구 압구정동으로 옮겼다. 전형적인 부동산 투기를 위한 위장전입이었다. 최 위원장은 특히 자신과 부인, 장남 명의로 된 서울과 경기 용인, 제주도 등지의 대지와 농지·임야 등 부동산 보유액만 당시 돈으로 54억 9600만 원에 달했다. 집안 전체가 부동산 투기용 위장전입을 한 것이다.

다음으로 2006년 산업자원부 장관 인사청문회에서 정세균 장관 내정자에 대한 위장전입 관련 청문 내용을 살펴보자.

한나라당 유두환 의원의 "16대 때는 72일간, 17대 때는 100일간 있었습니다. 이게 위장전입 아닙니까?"라는 질의에 정세균 당시 산자부 장관 내정자는 "가족이 세대주가 살고 있는 주민등록지로 옮기는 것은 위장전입이 아닙니다"라고 답했다.

정세균 민주당 대표가 주민등록을 이전한 이유는 '국회의원 선거' 때문이었다. 즉 실제 장기적으로 거주할 목적이 없었으면서도 선거 때문에 주소를 옮긴 것이다. 이해한다. 정치인이기 때문에 선거를 위해서 옮길 수 있다. 그리고 실제 거주도 했다. 선거가 있었으니까.

같이 이주계획 세웠던 교수들, 지금 '교수촌' 이루고 살고 있어
정 후보자를 '위장전입'했다고 비난하려면 그동안 국민의 정부에서부터 참여정부에 이르기까지 '위장전입' 혐의를 받았던 분들 중 정 총리 후보자처럼 실제 거주를 목적으로 한 정황(당시 같이 이주 계획을 세웠던 사람들이 현재까지 집단으로 살고 있음)이 있거나 주민등록 이전지에 단

한 평의 땅도 구입하지 않은 사람임에도 낙마한 사람이 있는지 사례를 제시하면서 공격해야 할 것이다.

국민들에게 다음과 같이 물어 보자.

"현행법상 실제 거주하지 않으면서 주민등록을 이전하면 주민등록법 위반이고 위장전입이라고 합니다. 정운찬 총리는 여러 교수들과 집단으로 모여 살려는 목적을 가지고 땅을 구입하기 위해 포천으로 주민등록을 옮겼는데, 사정으로 인해 이주계획을 포기하고 단 한 평의 땅도 구입하지 않은 채 다시 주민등록을 서울로 옮겼다고 합니다. 그때 이주를 계획했던 교수들은 지금도 그곳에서 교수촌을 이루고 살고 있는 것으로 보아 당시 정 총리후보자가 실제 거주를 목적으로 주민등록을 옮겼던 것으로 추측됩니다. 그를 위장전입자라고 보아야 합니까, 아닙니까?"

'살지 않으면 위장전입'이라는 민주당 어법에 따르면 '살지 않으면서도 서울에 주택을 소유한 것은 부동산을 통한 재산증식 목적의 부동산투기'라고 주장할 수 있을 것이다.

결국 정 총리후보자를 '위장전입자'라고 공격하는 것은 민주당의 자가당착임을 스스로 인정한 셈이다.

4

부모 벼슬 위해
자식 희생 강요할 수 있는가

사실 아들 국적 문제가 거론될 것으로 아무도 생각하지 않았다. 아들이 한국에서 계속 성장했고,
군대도 다녀왔으며, 한국에서 취직하여 생활하고 있기 때문이다. 그런데 한국의 국적법 때문에 군복무를
마친 뒤 국적을 신청하지 않는 바람에 자동으로 한국 국적이 상실되면서 오로지 미국 시민이 된 것이다.
정 총리후보자는 아들을 미국 시민권자로 만들기 위해 귀국하지 않은 게 결코 아니었다.
귀국하지 못할 상황이었기 때문에 귀국을 늦춘 것뿐이다.

정 총리후보자 아들 국적이 청문회에서 잠시 논란이 되었다. 정 총리후보자는 1남1녀의 자녀를 두었는데, 이중 아들이 미국 시민권자이고 한국 국적이 없어졌기 때문이다.

사실 아들 국적 문제가 거론될 것으로는 아무도 생각하지 않았다. 아들이 한국에서 계속 성장했고, 군대도 다녀왔으며, 한국에서 취직하여 생활하고 있기 때문이다. 그런데 한국의 국적법 때문에 군복무를 마친 뒤 국적을 신청하지 않은 바람에 자동으로 한국 국적이 상실되면서 오로지 미국 시민이 된 것이다.

이런 상황에서 청문회 첫날(21일) 정 후보자가 아들 국적이 '한국'인 것처럼 강하게 발언한 것이 이튿날 문제가 되었다. 이 발언은 청문회 첫날에는 논란이 되지 않았지만, 청문회 2일째 청문위원들이 정 후보자의 아들이 '미국 시민권자'로 한국 국적 회복 중임을 알고 전날 정 후보자 발언 태도를 문제삼으면서 아들 국적 문제가 본격적으로 거론된 것이다.

이에 정 후보자는 첫날 청문위원들의 질의를 잘못 이해해 목소리를 높였다고 사과하고, 아들이 미국 국적을 갖게 된 배경을 자세하게 설명함으로써 아들이 한국 국적을 갖고 있지 않다고 단 한 번도 생각지 않은 데서 목소리가 높아졌음을 우회적으로 설명했다.

유학 중 태어난 아들, 입시경쟁 거쳐 대학 입학하고 군복무 마쳐
다음은 정 총리후보자의 청문회 발언을 재정리한 것이다.

정운찬 총리후보자의 아들은 정 총리가 미국 유학 중이던 때 태어났다. 미국은 출생지주의를 택하고 있기 때문에 아들은 출생과 동시에 미국 시민권자가 되었다. 정 총리와 아들 정준택은 귀국한 뒤 준택이 미국 시민권자임을 인지하지 못하고 한국인으로 출생 등록을 하고 생활했다. 그래서 남들과 똑같이 공부하고, 입시경쟁을 거쳐 대학에 입학했고 졸업했다. 그리고 아버지가 병역 의무를 이행하지 못해 마음 한구석에 미안함을 갖고 있었던 병역 의무도 마쳐 아버지의 미안함을 풀어 주었다.

군 제대 후 복학해 졸업한 뒤 직장에 입사하기 전에 어학연수를 해본 경험이 한 번도 없어 미국에 가서 언어를 익히려고 했다. 비자 신청을 하면서 서류에 출생지를 뉴욕으로 기입했더니 미국 대사관에서 "뉴욕 출생이면 미국 시민인데, 미국 시민한테 무슨 비자를 주느냐"고 해서 비자를 거부당했다. 그리하여 미국 출생 병원에 연락하여 출생증명서를 받아다 미국 시민증을 받고 미국에 다녀왔다.

그런데 군대를 제대하고 2년 안에 국적 선택을 해야 하는데 그만 이를 무심코 넘겼다. 미국에 다녀온 후 한 차례 미국 국적 포기 논의가 부자간에 있긴 했다. 아들이 "미국 한 번 갔다 왔으니 미국 국적을 포기하겠다"고 말하자, 정 총리가 "너, 그 다음 번에 미국 갈 때는 어떻게 하려고, 한 번 비자를 거부 받으면 미국 대사관에서 비자 다시 받기 힘들다던데. 그리고 또 혹시 유학을 가게 되면 학비 감면이라든지 여러 가지 혜택이 있을 텐데 다시 생각해 보지" 이러다가 그냥 몇 년이 흘렀다. 그런 상황이 청문회 때까지 이어졌던 것이다. 아버지가 '총리'에 지명되면서 미국 국적을 포기하고 한국 국적 회복을 신청했지만 청문회 당시에는 아직 한국 국적이 없는 상태였다.

정 총리후보자의 발언을 정리하면, 정 총리 아들은 의도적 계획 아래 미국 시민권을 획득한 것이 아니다. 학교·병역 등 모든 분야에서 한국 국적이 아닌 미국 시민권을 이용하여 그 어떤 혜택을 받은 바 없고, 한국의 같은 세대 친구들과 동일한 삶을 살았음을 어렵지 않게 확인할 수 있다.

여기서 정 후보자가 아들 국적 문제와 관련하여 첫날 목소리를 높인 이유를 찾을 수 있다. 즉 정 후보자는 단 한 번도 자신의 아들이 한국 국적을 갖고 있지 않다고 생각한 적이 없었던 것이다. '미국 시민권'을 자산으로 생각하고 아들의 미래를 설계한 적이 없었기 때문이다.

물론 청문회 첫날에 정 후보자가 마치 아들이 한국 국적자인 것처럼 목소리를 높인 것이 잘못이 아니라는 의미는 아니다. 다만 '개방'과 '국제화'가 구조화되어 가고 귀화인이 공기관 대표를 맡을 정도로 우리 사회가 변하고 있는 상황에서 정 후보자와 아들이 '미국 시민권'을 이용하여 아들 세대와 다른 혜택을 받았거나, 불법 행위를 했다면 문제가 될 수 있지만 그렇지 않았다면 문제삼을 필요가 없다는 것이다.

더욱이 개방화의 상징인 한미FTA를 추진한 정권이 참여정부이고, 당시 여당이 민주당이었다는 점에서 단순히 '한국 국적이 없다'는 사실만을 가지고 민주당 청문위원들이 청문회에서 논란을 벌이는 것은 아이러니 라고 하지 않을 수 없다.

그러나 야당 청문위원들은 정 총리후보자와 그의 아들이 '미국 시민권'을 이용하여 그 어떤 특혜나 이익을 추구한 사실이 없음에도 불구하고, 잠시 한국 국적자가 아니라는 사실 때문에, 그리고 아들의 미국 국적 포기 의사에 아버지인 정 후보자가 "신중하게 생각하라"고 발언했다는 이유로 정 후보자를 몰아붙였다.

다음은 최재성 의원의 청문회 발언이다.

최재성 위원

아니, 이것은 오후 질의 시간도 있으니까요, 이게 지금 시간이 없어 가지고 이러는 것 아닙니까?

지금 아들은 국적을 포기하려고 그랬는데, 시민권을 포기하려고 그랬는데 오히려 정 후보자님께서 '이것 비자 한번 거부당하면 다시 받기 어렵다. 또 나중에 혹시 유학 갈 때 시민권이 없으면 학비를 오히려 더 부담해야 되니까……' 이렇게 말씀하셨다고 그랬잖아요, 좀 아까? 사실입니까?

국무총리 후보자 정운찬

사실입니다.

최재성 위원

오히려 거꾸로 되어야 되는 것 아닙니까?

아들이 그런 말 해도 적어도 서울대 총장 지냈고 또 제가 보기에는 자서전이나 여러 모로 봤을 때, 주변 분들과의 어떤 대화로 봤을 때 적어도 우리 사회를 위해서 총장을 끝으로 모든 역할을 끝낼 것이 아니고 더 기여하고 싶은 마음은 있었으리라고 저는 사료가 되는데, 공인인 정운찬 총장께서 오히려 아들에게, 국적을, 시민권을 포기하자는 아들에게 이런 두 가지 이유로 다시 생각해 보라고 했던 것은 저는 심각한 흠결이라고 보고 사고에 문제가 있다고 보는데…….

최 의원의 이 짧은 발언에서 그의 문제제기가 얼마나 비합리적인가를 알 수 있다.

자신의 미래 위해 자식 희생 강요할 수 있나

최 의원은 정 후보자가 자식을 '부모의 부속물' 또는 '수단'으로 여기고 있지 않다는 사실에 다소 의외라는 생각을 갖고 질문하지 않았나 싶다. 즉 "총장을 끝으로 모든 역할을 끝낼 것이 아니고 더 기여하고 싶은 마음은 있었으리라고……" 그러니까 '서울대 총장까지 하셨고, 또 앞으로 더 큰 역할을 할 수 있고, 해야 하니 혹시 그런 일이 벌어졌을 때를 생각해서 아들의 미래를 결정해야 하지 않느냐'고 묻고 있는 것이다.

이러한 주장은 미국 시민권을 얻기 위해 '원정출산'을 가서 미국 시민권을 획득한 것도 아니고, 미국 시민권을 이용하여 특혜를 받은 바도 없고, 한국에서 요구하는 모든 의무를 다했고, 나이 30이 넘어 자신의 삶을 살고 있는 사람에게 '부모가 벼슬하니 네 인생을 희생해 다오!'라고 강요하라는 말에 다름 아니다.

정 후보자가 아들에게 미국 국적 포기를 신중하게 생각하라고 한 것은 '부모라면 그럴 수 있는 일'이라고 생각한다. 오히려 '서울대 총장이기 때문에 아버지의 대외적 체면을 위해서, 또는 앞으로 아버지가 벼슬을 할지도 모르니 포기하는 것이 좋겠다'고 하는 것이 오히려 더 문제가 아닐까.

그런데 이런 주장에 대해 정 총리 아들 국적을 물고늘어지는 사람은 이렇게 반론을 펼 수도 있을 것이다. "정 총리 아들의 국적 문제가 중요한 이유는 정운찬 씨가 교수나 회사원 같은 평범한 사람이 아닌 총리가 되었기 때문"이라고.

그렇다면 이렇게 물어 보자. "사람 인생 알 수 없기에 지금 이렇게 평범하게 살지만 부모가 앞으로 어떻게 될지 모르니 부모가 죽을 때까지 자식들은 절대로 외국 국적도 갖지 말고, '네(자녀) 앞길보다는 언제나 내(부모) 앞길을 먼저 생각하고 결정하라'고 하는 것이 타당한가?" 누구도 이것이 타당하다고 생각하지 않을 것이다.

국민의 정부와 참여정부에서 가족의 국적 문제로 공직에서 사퇴한 사람들을 분석해 보면 단순히 이중 국적 또는 한국 국적을 갖고 있지 않은 것이 문제가 아니었다. 모두 '대학입학'이나 '병역' 등에서 외국 국적을 이용하여 특혜를 받았기 때문이다.

먼저 참여정부의 부총리로 지명되었던 이OO 전 서울대 총장의 사례를 보자. 이 전 부총리의 장남은 미국에서 태어난 뒤 1986년 연세대학교에 외국인 특별전형으로 입학했으나, 당시 그는 특별전형 대상 자격을 갖추고 있지 않았다. 이씨는 1982년 국내에서 고입검정고시에 합격한 뒤 1983년 서울 모 고교에 입학해 1986년 2월 졸업하면서 그해 바로 특별전형으로 연세대에 입학했다. 당시 연세대 외국인 특별전형 지원 자격 기준을 보면 이중 국적자는 지원할 수 없었지만 이씨는 합격했다.

또 다른 사례를 보자. 국민의 정부에서 송O 전 교육부총리는 가족 모두가 이중 국적이었고, 송 전 부총리 또한 10여 년간 무국적자였다. 이처럼 정 총리 사례는 과거 공직자로 임명되었다가 자녀 국적 문제로 사퇴한 사례와는 너무도 다르다.

　그런데 최 의원은 아들 국적 문제와 관련하여 정 후보자에게 질의하면서 한 걸음 더 나아가 정 후보자가 아들을 미국 시민권자로 만들기 위해 노력하지 않았느냐는 의심의 눈초리를 보낸다. 물론 청문의원으로서 의혹 해명을 위해서라는 의무감을 이해한다손 치더라도 이건 너무 심하지 않은가?

최재성 위원

……

76년 10월 달에 서울대 교수로 이미 그때는 결정이 난 거지요, 76년 10월 달 미국에 계실 때?

국무총리 후보자 정운찬

76년 10월에 선발은 됐습니다.

최재성 위원

77년 1월에 고령으로 면제가 되지요, 병역이?

국무총리 후보자 정운찬

예.

최재성 위원

그런데 왜 78년 3월 달에 장남을 출산하는데 10개월 동안 귀국을 안 합니다. 물론 여러 가지 이유가 있으시겠지만, 그러면 병역이 면제됐을 때 장남은 어떤 상태입니까? 아직 장남이 잉태되지 않은 상태입니까, 77년 1월 달 병역 면제되었을 때?

국무총리 후보자 정운찬

저희 아이는 78년 3월생입니다.

최재성 위원

물론이지요. 77년 1월하고 10개월 차이 나는데, 정확하게 10개월 차이 납니다.

국무총리 후보자 정운찬

14개월입니다.

최재성 위원

아, 14개월 차이 납니다. 이렇게 늦춘 이유가 뭡니까?

국무총리 후보자 정운찬

위원님, 아들딸도 마음대로 낳습니까?

최재성 위원

아니, 제 얘기는 바로 귀국하지 않고 78년 3월에 출산을 하고 그 다음에

옵니다. 이미 서울대 자리는 예약이 되어 있었음에도 불구하고 말입니다. 이것은 나중에 또 질문하겠습니다.

국무총리 후보자 정운찬
위원님, 미국 대학의 계약 관계는 그렇게 간단하지 않습니다. 한번 계약했으면 그 계약을 지켜야 합니다.

최재성 위원
나중에 질문하겠다고 그랬지요. 저희가 자료를 받았는데, 이건 발언 후에 하겠습니다.

최 의원의 발언에는 두 가지 속내가 내포되어 있다. 첫째, 병역면제 확정이 1977년 1월에 났으니(즉, 정 총리 당신이 걱정하는 병역 문제가 해결되었으니) 귀국해야 하는데, 1978년에 귀국한 것은 "떡 본 김에 제사 지낸다"고, 유학 온 김에 아들을 미국 시민권자로 만들기 위해서가 아니냐? 둘째, 1976년 10월에 서울대 교수직을 확보했는데도 귀국하지 않은 것은 병역기피를 위해서가 아니냐는 것이다. 참으로 기가 찰 노릇이다.

최 의원의 지적에는 일면 동감할 수 있는 부분이 있다. 자식의 미래보다 부모의 미래를 생각할 정도로 '명예욕'이 강하고 계산적인 사람이라면 한 번쯤 생각해 볼 수 있는 상황이기 때문이다. 특히 떡 본 김에 제사 지내고 싶은 생각은 누구나 쉽게 할 수 있기 때문이다.

그러나 정 총리후보자는 아들을 미국 시민권자로 만들기 위해 귀국하지 않은 게 결코 아니었다. 귀국하지 못할 상황이었기 때문에 귀국을 늦춘 것뿐이다. 병역 문제는 '병역 관련 항목'에서 다루었으므로 여기서는 서울대 교수직을 1976년 10월에 확보했음에도 1978년에 귀국한 이유가 무엇인지에 대해서만 살펴보자.

최 의원이 정 총리후보자에게 발언 기회를 주었다면 청문회 속기록을 통해 그 이유를 정확하게 파악할 수 있었을 것이다. 하지만 최 의원은 설명할 기회를 주지 않았다. 청문회 속기록 중, 정 후보자가 한 발언 "위원님, 미국 대학의 계약 관계는 그렇게 간단하지 않습니다. 한번 계약했으면 그 계약을 지켜야 합니다"라는 발언을 등대 삼아 추측해 보기로 하자.

다음과 같은 상황을 설정함으로써 정 총리후보자가 계약 기간이 끝난 뒤 귀국한 이유를 함께 생각해 보기로 하자.

어떤 사람이 자기 대학 출신으로는 최초로 컬럼비아대학교 교수가 되었다고 가정하자. 그것도 아직 논문을 완성하지 않아 박사학위도 없다. 그럼에도 컬럼비아대학교에서 교수직을 준 것이다. 그런데 모교에서도 교수직을 확보했다. 컬럼비아대학교와의 계약 기간은 아직 끝나지 않았다. 게다가 논문 심사를 아직 통과하지 않아 박사학위를 받지 못했다. 어떻게 할 것인가?

첫째, 모교 교수님에게 말씀드리고 뒤이어 유학 올 후배들이나 한국에서 공부한 출신들이 불이익을 당하지 않도록 계약 기간 동안 성실하

게 컬럼비아대학교 근무를 마친 다음 귀국할 것인가, 아니면 바로 귀국
할 것인가?

둘째, 만일 그 사람이 컬럼비아대학교와의 교수 계약을 중도에 파기
하고 귀국하겠다고 모교 교수들에게 상의하면 어떤 반응을 보일까? 그
의 선택을 존중해 줄까? 아니면 계약 기간을 마저 채우고 귀국하라고
할까, 혹은 어떤 조언을 해줄까?

5

고문·사외이사 겸직 논란

야당 청문위원들은 영리행위 여부를 판단하는 기준 가운데 하나인 '권한과 책임'을
정 총리후보자에게 추구할 증거나 자료를 전혀 제시하지 못했다. 야당 청문위원 입장에서는
'권한과 책임'을 보여주는 회의 참석 기록과 서류가 있으면 좋았겠지만, 실제 정 총리후보자가
YES24 경영에 참여한 적이 없기 때문에 그런 것이 아예 존재할 수 없었다. 정 총리후보자는
YES24 경영자에게 구두로 경영자문을 해주었고, YES24와 관련된 대외적 활동은 시상식 참석과
야구 관람 등 경영에 영향을 미치지 않는 6건의 활동뿐이었기 때문이다.

YES24 고문 겸직 논란

정운찬 총리후보자는 "대학교수로 사회에 건설적 비판을 하는 것을 의무로 생각하고 이를 위해 기업, 특히 대기업 임원과 정치인, 그리고 고위공직자를 만나지 않는 것을 원칙"으로 하는 삶을 살아왔다고 스스로 자부한다. 잘 나가는 대학교수들이 많이 한다는 용역(project)도 거의 하지 않았다. 요구사항이 많아 연구결과를 그대로 보고하기 어려운 경우가 많았기 때문이다. 또한 사회적 논란에 휘말리지 않으려고 늘 몸가짐을 바르게 하며 살려고 노력했고, 또 주위에서도 그렇게 평가한다.

그런데 '정운찬 국무총리 후보자 인사청문회'는 법적으로 타당하다고 인정되는 일반 상식이 '위법'으로 해석될 수 있고, 일반 상식이 정치권에서는 다르게 해석될 수 있음을 보여주었다. 또한 일상에서 용인될 수 있는 실수조차 '정치'가 개입되면 '위법'으로 공격당할 수 있음도 보여주었다. 그 대표적 사례가 '병역 문제'와 'YES24 고문 겸직', 그리고 '재산 신고 누락' 건이다.

'영리행위'란 단어 속에 숨어 있는 '위법' 낙인

지난 십수년간 서울대학교에서 관련 업무를 담당한 교직원의 조언과 일상화·보편화된 관례에 따라 맡게 된 'YES24 고문 겸직' 건은 정 총리후보자의 '삶의 원칙'과 관련하여 '위법'이라는 카드를 들이대는 청문위원들과 이를 도저히 인정할 수 없었던 정 총리후보자의 평행선을 달리는 주장으로 팽팽히 맞섰다. 양자의 주장을 속기록을 중심으로 정략이 배제된 '일반 서민'의 시각에서 살펴보기로 하자.

'YES24 고문 겸직' 건을 검토하기 위해서는 '영리행위'에 대한 양자의 시각을 먼저 짚어야 한다. 야당 청문위원이 사용하는 '영리행위'라는 단어에는 일반인이 인식하는 '영리행위'와는 다른 의미가 숨어 있기 때문이다.

야당 청문위원들이 정 후보자를 위해 특별히 사용하는 단어인 '영리행위' 속에 숨어 있는 의미를 정확히 이해하기 위해 다음과 같은 상황을 가정해 보자.

어떤 경제행위로 인하여 경찰서에서 진술을 해야 할 상황에 처했다. 경찰이 진술서에 기술하기를 요구하는 단어는 '영리행위를 했다'는 것이다. '돈을 버는 행위'가 '영리행위'임을 모르지 않으므로 '영리행위를 했다'고 기술할 수도 있다. 그런데 경찰이 진술서에 기술하기를 요구하는 '영리행위'는 관련 업무에 종사하는 공무원의 확인과 소속 조직의 기준, 그리고 관례에 따라서 행한 '(합법적으로 돈을 번) 영리행위'가 아닌 '(법정에서 불법적 책임이 인정되는) 영리행위'다. 이 경우, 진술서에 '영리행위를 했다'고 기술해야 할까? 아니면 '돈을 벌었다', 또는 '합법적인 영리행위를 했다'고 기술해야 할까?

청문회에서 야당 청문위원들과 정 총리후보자 간의 논쟁이 바로 이것이다. 정 총리후보자는 "합법적으로 돈을 받아서 수익을 얻었다"고 분명히 밝히고 있다. 그런데 야당 청문위원들은 '불법행위로 돈을 받았다'고 인정하라는 것이다. 즉 야당 청문위원들은 누구나 알고 있는 '돈을 번 행위는 영리행위'라는 단어를 가지고 이야기했지만 속내는 '국가공무원법과 교육공무원법을 위반한 불법행위를 했음을 스스로 인정'하라는 것이고, 정 후보자는 '돈을 번 것은 맞지만 정당한 절차와 과정을 통해 얻은 것'이므로 그들이 주장하는 '불법적 영리행위를 한 것은 아니다'라는 것이다.

야당 청문위원들의 주장과 정 후보자 주장에 대한 여론의 평가는 야당의 승리로 끝났다. 일반적으로 '돈을 번 것은 영리행위'라고 누구나 생각하기 때문이다. 만일 야당이 '영리행위를 했다'고 주장하지 않고 '불법행위로 돈을 벌었다', 또는 '불법적 영리행위를 했다'고 주장했다면 여론은 다르게 나왔을 것이다. 즉 청문회에서 야당 의원들이 주장한 '영리행위'가 단순히 돈을 벌었다는 것이 아니라 불법을 인정하라는 의미가 숨어 있다는 것을 국민이 알았다면 "돈은 받았는데 영리행위가 아니라는 게 말이 되느냐?"는 여론이 조성되지는 않았을 것으로 생각하기 때문이다.

그러면 청문회와 청문회 이후에도 논란이 된 YES24 고문 겸직 건을 구체적으로 살펴보기로 하자.

YES24 고문 건에 대한 야당의 주장은 이렇다. "YES24는 인터넷 서점이 아니라 인터넷 사교육 업체로 영리기업이다. 그런데 허가를 받지 않고 YES24에서 월별로 급료를 받았다. 직책이 고문이든 그렇지 않든 돈을 받아 수익을 얻었으니 영리행위로 국가공무원법과 교육공무원법 위반이다."

이에 대한 정 총리후보자 주장은 이렇다. "서울대 담당자에게 '고문'을 맡아도 되느냐고 질문했더니 허가 대상이 아니라고 해서 고문직을 수락했다. YES24가 인터넷 서점이고, 책을 좋아하고, 나의 자문이 책을 보급하는 데 도움이 된다면 좋겠다 싶어서 맡았다. 자문료에 대해서는 서로 이야기한 적이 없고, 회사에서 알아서 주었다. 자문료 지급은 회사 사정상 일시에 줄 수 없다며 월별로 주었다. 수입이 있었으므로 세금은 냈다."

이러한 양자의 주장을 비교 정리하면, 야당 청문위원들의 주장은 "허가받지 않고 영리기업에서 돈을 받아 영리활동을 했으니 국가공무원법과 교육공무원법 위반"이므로 이를 인정하라는 것이고, 정 총리후보자는 "서울대 담당 직원이 허가받을 필요가 없다고 했고, 돈을 받은 것은 인정하지만 불법의 다른 표현인 영리행위라는 청문위원들 주장에는 동의할 수 없다”는 것이다.

이처럼 '영리행위'는 일반인들이 이해하는 단어와 달리 청문회에서는 매우 중요한 '법률적 의미'가 있었다. '영리행위'란 단어를 둘러싼 정 총리후보자와 청문위원들 간의 대립을 정확히 이해하기 위해 권경석 의원의 발언을 살펴보자.

이 세 가지 요건을 충족시켰을 때 공무원법상 영리행위에 해당된다고
본 위원은 판단하는 거예요.

국무총리 후보자 정운찬
말씀하신 세 가지 중에서 첫째, 권한과 책임하고는 아주 거리가 멀고,
직무의 연속성은 하나도 없었는데 보수는 받았습니다. yes24 기록에 따
르면 매번 보수를 정할 수 없어서 그냥 1년에 얼마 주는 것으로 했다고
들었습니다. 그런데 편의상 월별로 나누어서 준 것 같습니다.

　　권경석 의원의 발언을 기준으로 야당 청문위원들의 발언을 검토해
보자.

YES24에 대한 권한과 책임 없었다
먼저 정 총리후보자와 YES24 간에 '권한과 책임'의 관계가 있는지 살펴
보자.

　　야당 청문위원들은 영리행위 여부를 판단하는 기준 가운데 하나인
'권한과 책임'을 정 총리후보자에게 추구할 증거나 자료를 전혀 제시하
지 못했다. 야당 청문위원 입장에서는 '권한과 책임'을 보여주는 회의
참석 기록과 서류가 있으면 좋았겠지만, 실제 정 총리후보자가 YES24
경영에 참여한 적이 없기 때문에 그런 것이 아예 존재할 수 없었다. 정
총리후보자는 YES24 경영자에게 구두로 경영자문을 해주었고, YES24

와 관련된 대외적 활동은 시상식 참석과 야구 관람 등 경영에 영향을 미치지 않는 6건의 활동뿐이었기 때문이다.

다음은 '직무의 연속성'과 '보수'와 관련된 주장들을 검토해 보자.

최재성 위원

아니, 봉급을 받았다는 것은 근로소득세 원천징수된다는 것 아시지요?

국무총리 후보자 정운찬

예.

최재성 위원

봉급을 받고 yes24에 정식으로 등록된 직원입니다. 그래서 비정규직이 아니고 정규직으로 봉급이 나간 것이기 때문에 정운찬 후보자는 당시에 직업이 2개인 셈입니다. 서울대 교수이고 yes24에 정식으로 근로소득세를 내는 직원입니다. 다만 이름만 고문인 것이지요.

국무총리 후보자 정운찬

위원님, 이렇게 이해해 주시기 바랍니다.
제가 그 문제를 제기했었습니다. 그랬더니 저쪽에서 말씀이…….

최재성 위원

아니, 짧게 얘기를 해주세요. 그러니까 봉급을 받은 것은 맞고 봉급을 받으면 근로소득세 내면 직원 아닙니까?

국무총리 후보자 정운찬

봉급을 받은 것이 아니라 저쪽에서…….

최재성 위원

아니, 근로소득세…… 아니, 후보자께서 이것은 기본적인 국민적 상식인데 그냥 일반 회사 다니는 샐러리맨들도 다 아는 겁니다. 봉급을 받고 근로소득세 원천징수한다는 것은 그 회사 직원 아닙니까?
자문은 자문료라든가 강연료라든가 이런 것은 기타 수입으로 할 수 있는 것입니다. 이것은 정식으로 봉급이 나간 겁니다.

국무총리 후보자 정운찬

위원님, 자문을 받을 때마다 수당을 줄 때 계산하기가 힘들다고 연 얼마씩 주기로 했었습니다.

최재성 위원

자, 후보자께서…… 급여대장이 있지 않습니까, 급여대장? 정운찬 후보자 급여대장입니다. 그런데 지금 변설로 국민들을 속이려고 하는 것이지요. 이것도 인정 못하면 저 질의할 의욕이 없습니다. 이것은 객관적인 사실이니까요. 정운찬 후보께서 이것은 변명으로 해야 될 일이 아닙니다.

국무총리 후보자 정운찬

1년의 수당을 12번 나누어 준 것에 불과하다고 이해합니다.

계속해서 최 의원의 21일 오후 속기록을 보자.

최재성 위원

그리고 보수를 받으셨지요?

국무총리 후보자 정운찬

위원님, 한 말씀만 올려도 되겠습니까?

최재성 위원

아니, 그것은 조금 이따가 하시고요.
공무원 복무규정에 보면 "계속적으로 재산상의 이득을 목적으로 하는 업무를 행하는 것"을 규정하고 있습니다. 그러면 급여를 계속 받으신 것은, 그게 고문료가 되었든 급여의 형태가 되었든 계속적으로 받으신 것은 영리활동으로 분류할 수 있다는 생각에 동의하십니까?

국무총리 후보자 정운찬

동의할 수 없습니다.

최재성 위원

알겠습니다.

국무총리 후보자 정운찬

제가…….

최재성 위원

급여를 받든 자문료를 받든 그것은 영리활동이 아니다?

국무총리 후보자 정운찬

아니요, 급여가 아니라고 거듭 말씀드립니다.

최재성 위원

아니, 자문료도 영리활동 아닙니까, 자문료라면?

국무총리 후보자 정운찬

저는 그…….

최재성 위원

영리활동입니까, 아닙니까? 그것 판단만 하시면 됩니다.
자문료다…….

국무총리 후보자 정운찬

……

최재성 위원

알겠습니다. 공무원이 겸직할 때 이 판단은 기관장만 할 수가 있습니다. 대법원 판례 중에는 공무원 자신이 임의로 결정할 수 없는 것이라고 이렇게 판시를 하고 있습니다.

국무총리 후보자 정운찬

저는 고문을 했습니다.

최재성 위원

아니, 고문이…… 고문은 아예 겸직할 수 없는 것입니다, 공무원법상. 국가공무원법상 겸직할 수 있는 것은 사외이사밖에 없습니다. 다만 벤처기업은 중소기업법 어딘가를 인용을 해서 서울대에서 두 가지로 규정하고 있는 것입니다. 상장기업의 사외이사, 벤처기업의 임직원만 총장의 허가를 받아서 겸직할 수 있는 것이고 다른 것은 겸직 못하게 하는 게 국가공무원법 64조 1항입니다.

국무총리 후보자 정운찬

그러면 이렇게 말씀드리면 어떨까요?

최재성 위원

그런데도 이 법률에 대해서도 지금 동의하지 않으시는 것입니까?

국무총리 후보자 정운찬

이 말씀만 하나 여쭈어 보겠습니다. 제가…….

최재성 위원

아니, 제 말씀에만 대답을 해주십시오.

위원장 정의화

후보자, 답변만 하십시오.

국무총리 후보자 정운찬

저는 영리활동을 하지 않았다고 생각합니다.

최재성 위원

후보자께서 이 법률을 지나치게 자의적으로 또 의도적으로 해석하지 않았다면 이런 해석이 나올 수가 없습니다. 지금 교과부에서나 행안부에서 제주대학 강지용 교수 사건도 같은 해석을 하고 있습니다. 그래서 후보자께서 이것은 의도적으로 왜곡했다고밖에 판단할 수가 없습니다. 급여를 받은 것은 사실이지요? 자문료가 되었든 뭐가 되었든 수입이 생긴 것은 사실이고 그래서 세금도 내신 것 아닙니까?

국무총리 후보자 정운찬

예, 수입을 받고 세금을 냈습니다.

이상의 속기록에는 청문회 내내 청문위원과 질문 단어만 다를 뿐 핵심 내용이 들어 있다. 즉 야당 청문위원들 주장의 핵심은 '고문이란 직책명과 관계없이 계속적으로 돈을 받았으니 국가공무원법에서 금지하는 영리행위를 했음'을 인정하라는 것이다. 이에 반해 정 총리후보자는 '고문으로서 자문을 해주고 돈 받은 것은 인정하지만, YES24의 사정으로 분할해 주었을 뿐이기 때문에 국가공무원법에서 금지한 영리행위를 한 것은 아니다' 는 주장이다.

그런데 돈을 받았다면서도 "영리행위를 한 것이 아니다"라는 정 총리후보자의 발언은 시청자들에게 정 후보자의 모습을 옹색하게 비춰지도록 했다. '돈을 버는 행위는 영리행위'라는 것이 일반적 상식이기 때문이다.

그러나 정 총리후보자가 그러한 '옹색'함에도 불구하고 야당 청문위원들이 말하는 '영리행위'를 하지 않았다고 주장한 이유는, 야당의 '영리행위'라는 단어에는 '국가공무원법 위반을 스스로 인정한다' 는 의미가 내포돼 있었기 때문이다. 따라서 정 후보자가 돈을 받았다는 사실을 단 한 번도 부정하지 않고 인정하고, 옹색하게 보일 수 있음을 알면서도 국가공무원법 위반을 의미하는 "영리행위를 한 것이 아니다"라고 주장했던 것이다.

만일 야당 청문위원들이 '국가공무원법을 위반한 영리행위가 아닌 영리행위를 한 것은 인정하는가?'라고 질문했다면 '인정한다'고 했을 것이다.

계속해서 다음 속기록도 살펴보자.

국무총리 후보자 정운찬

위원님, 지금 yes24를 저는 인터넷 책방으로 이해하고 있었는데 그것이 아마 사업 다각화 과정을 통해서 다른 일도 한 모양입니다만 저는 전혀 모르고 있었습니다. 그리고 아까 말씀 중에 취업을 했다고 그러셨는데 나중에 그 회사 사람들한테 물어 보십시오. 저는 가끔, yes24가 어디 있는지도 모릅니다. 그냥 여러 가지 다양한 도움을 주고 그 회사에 도움이 됐었을 것입니다. 그러나 제가 취업을 했다 또는 꼭 비유하자면 사설 학원에서 일했다 이런 식으로 하는 것은…….

……

국무총리 후보자 정운찬

저는 영리활동을 하지 않았다고 생각합니다.

……

최재성 위원

자문료나 강연료 받으실 때 보험료 내고 그럽니까?

국무총리 후보자 정운찬

아니요, 얼마 떼고 줘서 그냥 원천징수한 줄 알았습니다.

최재성 위원

원천징수하고 4대 보험을 내는 것하고는 전혀 다른 문제거든요.

여기서는 보험료를 냈습니다.

국무총리 후보자 정운찬
제가 자꾸 말씀드리지만…….

최재성 위원
후보자가 2년에 1억 넘는 돈을 수령하면서, 22개월에 9583만 원을 수령하면서 이 회사가 어디에 있는지도 잘 모르고, 저에게 제출한 자료에는 총 6건의 야구 관람하고 야구 관련 인터뷰하고 그 다음에 시상식 하고, 6건의 활동만 저에게 공식적으로 자료 제출을 하셨습니다.
그런 활동을 하면서—그걸 탓하는 것이 아니고요—9583만 원을 수령을 했는데 이게 어떤 명목으로 나에게 왔는지, 이 명세서는 무엇인지, 이런 것 전혀 확인 안 하고 이 거액의 돈을 수령하셨다는 것은 기본적으로 무감각하거나 아니면 과외 수입이 너무 많아서 미처 챙기지 못하는 그런 행위가 아니었나, 저는 이렇게 생각할 수밖에 없습니다.

　　지금까지 최 의원과 정 총리후보자 간의 질의응답을 정리하면 다음과 같다.

　　최 의원은 (1)월급이 지급된 여러 증거(봉급명세서·근로소득세·4대 보험료 등)로 보아 '직무의 연속성'을 갖고 있고, (2)고문이란 직책과 관계없이 계속적으로 돈을 받아 수익을 얻었기 때문에 '국가공무원법 위반의 영리행위'를 한 것이라고 주장한다.

이에 대해 정 총리후보자는 (1)최 의원이 제시하는 여러 증거 자료(봉급명세서 등)를 전혀 알지 못하고 YES24에 근무한 적도 없기 때문에 '직무 연속성'이 없고 (2)자문료 금액은 상호간의 합의로 확정한 것이 아니고 YES24가 (정 총리후보자 경력과 타회사 또는 기존 고문들에 대한 대우를 고려하여) 결정했다, 정 총리후보자 본인이 자문료 월별 지급의 문제점을 지적했지만 YES24의 경리 업무상 정 후보자가 자문을 해줄 때마다 자문료를 줄 수 없기 때문에 월별로 나누어 준 것으로 이해하고 있다, 이것은 '계속성을 갖고 있는 보수' 개념이 아니기 때문에 '국가공무원법을 위반한 영리행위'를 한 것이 아니라고 주장한다.

'직무의 연속성' 보여주는 근무 형태의 활동 한 적 없어

다음은 최 의원이 정 총리후보자의 주장을 반박하기 위해 정 총리후보자의 '직무 연속성'을 증명해 줄 '근무' 형태의 활동 증거를 찾으려고 청문회에 YES24 관계자 자격으로 참가한 김진수 증인에게 질의한 속기록이다.

최재성 위원

그래서 저희가 사실은 김동녕 증인에게 질의하려고 했는데 오늘 자리에 나오지 않으셔서 못하고 있습니다. 혹시 정운찬 후보자가 회사에 근무를 한 적이 있습니까? 뭐 왔다 갔다…….

증인 김진수

없는 것으로 알고 있습니다.

최재성 위원

전혀 회사에서는…….

증인 김진수

예.

최재성 위원

근무를 안 했다 하더라도 강연회 형태라든가 혹은 인터뷰라든가 이런 것도 안 했습니까?

증인 김진수

내부적으로 어떤 그러한 활동, 여기 지금 나와 있는 공개적인 그러한 활동 외에는…….

최재성 위원

저희들에게 제출한 그런 자료 외에는 아무것도 안 했습니까?

증인 김진수

그 외에는 제가 알기로는 회장님과 개인적인 어떤 자문 활동이 있었는지 모르겠습니다마는…….

최 의원과 증인 간의 질의응답을 통해 확인할 수 있는 것은 정 총리후보자가 법에서 규정한 '영리행위'의 증거인 '직무의 연속성'을 보여주는 '근무' 형태의 활동을 한 적이 전혀 없었다는 것이다. 이는 "YES24 사정에 의해 자문료를 월별로 주었을 뿐"이라는 그의 주장이 사실임을 의미하며, 국가공무원법 위반이라는 주장에 문제가 있음을 보여준다.

그러나 YES24의 필요에 따라 만들어진, 정 총리후보자가 단 한 번도 본 적 없고 또 그의 의사와 관계없이 만들어진 경리 업무 자료는 청문위원들에게 정 총리후보자를 공격할 빌미를 계속 주었다.

'책 보급'에 도움 줄 수 있다고 생각해 YES24 고문직 수락

다음으로 정 총리후보자의 국가공무원법 위반을 증명하려고 촉수를 세웠던 야당 청문위원들이 주목한 대상은 인터넷 서점으로 알려진 YES24에 대한 평가였다.

최재성 위원

yes24에서 1년 10개월 동안 세금을 받으셨는데요. yes24가 인터넷 서점이라고 했는데 제가 들어가 보니까 인터넷 사교육업체입니다. 인터넷 사교육업체입니다. 그래서 국내 최대의 규모, 60개 제작업체를 모아서 사이버 강의 동영상 이런 것을 포털화시켜 낸 것이고요. 그래서 요금 다 이렇게 적혀 있지 않습니까? '중등수학 총정리' 그 다음에 '회화와 내신을 동시에 잡는 기초' 이렇게 해가지고 다 가격 '2만 8000원' '4만 원' 써 있는 인터넷 사기업체입니다.

정운찬 후보자께서…… 아까 김종률 위원이 보여주었던 패널인데, 이 홈페이지에 들어가 보면 이 사기업을 위해서 인터넷 사교육업체이기도 하고 물론 서적도 인터넷에서 거래도 하고 화장품도 팔고 선물도 팔고 이런 업체입니다, 인터넷상에서. 여기에 지금 후보자께서 이렇게 버젓이 나와 있습니다.

국무총리 후보자 정운찬

저는 전혀 모르고 있었습니다.

최재성 위원

2007년 3월 22일 yes24는 이러닝(e-learning) 이북(e-book) 관련한 신설 조직도를 구성할 예정이라고 보도가 됩니다. 동년 10월 30일 김동녕 대표께서 역시 이러닝 음원 서비스 등으로 취급 품목을 한정하고 콘텐츠 커뮤니티를 중요시하는 전자상거래를 추구한다는 방침으로 보도되고요. 2008년 10월 29일 또 언론에 본격적으로 추진할 사업은 공연과 이러닝 부분이다라고 보도가 되고 2007년 11월에 정운찬 후보자께서 yes24에 취업을 합니다.

다시 말해서 이 업체가 인터넷 서적을 거래하는 업체로 운영이 되어 오다가 본격적인 역점 사업으로 인터넷 사교육에 진출을 하게 되는 것이고 그 시점에 후보자께서 거기에서 급여 받기도 시작하고 또 소위 말해서 후보자 주장대로 자문도 하는 것입니다.

그래서 결국은 오프라인으로 따지면 대형 입시학원에서 본인이 의도했던 의도하지 않았든 급여를 받고 혹은 자문료를 받고 활용을 당했거나 혹은 용인했다는 그런 결론이 드는 것입니다. 다시 말해서 오프라인에서는 정일학원이나 종로학원의 고문이 되는 것입니다, 인지하셨든 안 하셨든.

그래서 후보자께서는 공교육의 영역에 계셨지 않습니까? 대학교육도 공교육 아닙니까? 국립대학 총장을 하셨고요.

(발언 시간 초과로 마이크 중단)

(마이크 중단 이후 계속 발언한 부분)

이명박 대통령의 정책에 대해서 반대하는 여러 가지 목소리를 내셨다가 총리 내정자가 되신 것에 대해서 양자로 갔다는 말이 있는데 이것은 공교육이 사교육의 양자로 간 케이스입니다.

위원장 정의화

좀 정리해 주십시오, 최 위원님.

최재성 위원

이것에 대해서 어떤 식으로든지 다음 질의에서는 해명을 하시고 또 책임질 것이 있으면 분명히 해주시기 바랍니다.

국무총리 후보자 정운찬

위원님, 지나친 확대해석은 안 해주셨으면 고맙겠습니다.

위원장 정의화

따로 방금 yes24에 대한 최재성 위원님의 질의에 대한 답변을 잠깐 하시겠습니까? 한 1분 정도는 줄 수 있습니다.

국무총리 후보자 정운찬

위원님, 지금 yes24를 저는 인터넷 책방으로 이해하고 있었는데 그것이 아마 사업 다각화 과정을 통해서 다른 일도 한 모양입니다만 저는 전혀 모르고 있었습니다.

그리고 아까 말씀 중에 취업을 했다고 그러셨는데 나중에 그 회사 사람들한테 물어 보십시오. 저는 가끔, yes24가 어디 있는지도 모릅니다. 그냥 여러 가지 다양한 도움은 주고 그 회사에 도움이 됐었을 것입니다. 그러나 제가 취업을 했다 또는 꼭 비유하자면 사설 학원에서 일했다 이런 식으로 하는 것은…….

최재성 위원

그렇게 얘기한 적 없어요. 누가 사설 학원에서 일했다고…….

국무총리 후보자 정운찬

좀 지나친 확대해석이라고 생각합니다.

이와 함께 다음과 같은 정 총리후보자의 발언을 살펴보자.

이정희 위원

책 보급 좋은 거지요.

국무총리 후보자 정운찬

그것뿐만 아니라 그것이 우리 교육 연구하고도 밀접한 관계가 있을 것
으로 생각되어서…….

이정희 위원

책 보급은 물론 좋은 겁니다.

국무총리 후보자 정운찬

(고문 제안을) 주저 없이 그냥 받았습니다.

이상의 기록에서 정 총리후보자는 YES24가 '영리기업'이지만 일반적 영리기업과 달리 공익 기능과 역할에 무게중심이 있는 서점으로 인식하고, 문화사업의 일환으로 책 보급에 도움을 주기 위해서 고문직을 수락하고 자문 활동을 했음을 알 수 있다. 즉, 정 총리후보자는 '단순히 이익을 얻기 위한 영리활동'을 한 것이 아니라 '책 보급'이라는 공익 활동에 도움을 줄 수 있다는 판단 때문에 고문직을 수락한 것이다.

이에 반해 청문위원들은 YES24가 인터넷 서점이 아니라 인터넷 사교육업체라는 데 무게중심을 두면서, 서점이라는 공공 기능은 무시하고 단순히 인터넷 사기업이라고 규정한다. 그리하여 국립대 교수이며 서울대 총장을 지낸 정 총리후보자가 '영리기업의 영리활동'에 도움을 준 것일 뿐만 아니라 사교육업체를 위해 홍보했다고 공격하고 있다.

청문위원들의 이 같은 주장에는 '영리행위'를 규명하겠다는 의미도 있지만 서울대 총장을 지낸 정 총리후보자의 도덕성을 흠집내려는 정략이 내포되어 있다고 봐야 할 것이다. 그 이유는 '기업'이란 독점기업이 아닌 한 경쟁을 기본으로 하고, 이익 추구를 목적으로 하고 있기 때문이다. 따라서 야당 청문위원들이 주장하듯 '영리기업'을 위해 활동했기 때문에 '영리행위'라는 주장은 말장난에 불과하다.

서울대 담당 직원 '소속 기관장의 허가 필요 없다' 답변
다음은 정 총리후보자의 '국가공무원법 위반' 논란을 촉발시키고, 정 후보자의 잘못 여부를 명확히 가려 줄 '소속 기관장의 허가 여부'에 관한 기록이다. '소속 기관장의 허가 여부'가 중요한 이유는 정 총리후보자가 소속 기관장인 서울대 총장의 허가를 얻고 YES24 고문을 겸직했다면 청문회에서 논란이 될 수 없기 때문이다.

정 총리후보자가 "돈을 받았지만 영리행위가 아니다"라는 발언이 옹색해 보일 수 있음을 알면서도 야당의 줄기찬 공격에 맞서 영리행위를 끝까지 인정하지 않은 데는 이유가 있다. 기업의 '고문' 직은 소속 기관장 허가가 필요 없다고 서울대학교 담당 직원이 확인해 주었기 때문이다.

따라서 정 총리후보자에게 YES24 고문 겸직은 허가 대상이 아니었으므로 '논란이 될 수 없는 것'이었다. 사실 관계가 이렇게 명백한데도 민주당 청문위원들은 '고문'직은 허가 대상이며, '허가를 받지 않았기 때문에 위법'이라고 공격했다.

권경석 위원
yes 고문 겸직 허가 문제에 대해서 직접 문의를 해온 적이 있습니까?

증인 이혜경
예.

권경석 위원
뭐라고 답변하셨습니까?

증인 이혜경

지금 현재 학교에서 겸직 허가를 하고 있는 게 사외이사나 벤처기업의 이사나 감사 그 다음에 비영리법인의 이사나 감사 직책에 관한 건 겸직 허가 대상으로 보고 겸직 허가를 하고 있고요. 그 외에 고문 같은 자문위원 활동 그런 건 겸직 허가 대상으로 보지 않는다, 그런 말씀을 드린 것 같습니다.

권경석 위원

현재 서울대학교 인사 지침이나 규정상 고문직에 대한 겸직 허가 여부를 구체적으로 명시한 규정이 있습니까?

증인 이혜경

없습니다.

권경석 위원

그러니까 관례적으로 고문직은 사전 허가 대상은 아니다, 이렇게 운용되어 왔다, 이 말이죠?

증인 이혜경

예, 그렇습니다

최재성 위원

이혜경 증인께 묻겠습니다. 그때 정운찬 후보자께서 yes24의 고문직을 해야 되는데 허락을 받아야 되느냐, 신청해야 되느냐라고 물으셨나요?

증인 이혜경

정확하게 기억은 못하지만 고문이라고 하는 말씀을 하셨던 걸로 기억합
니다.

최재성 위원

그래서 신청하실 필요 없다 이렇게 말씀하셨나요?

증인 이혜경

예, 지금 고문에 대해서는 겸직 허가 대상으로 하고 있지 않다고 말씀드
린 것 같습니다.

……

최재성 위원

그래서 신청하실 필요 없다 이렇게 말씀하셨나요?

증인 이혜경

예, 지금 고문에 대해서는 겸직 허가 대상으로 하고 있지 않다고 말씀드
린 것 같습니다.

이상의 기록에서 정 총리후보자는 서울대학교에서 교직원 인사 업무
를 담당하며 교수들의 '겸직'과 관련된 업무를 맡고 있는 직원에게 확인

한 다음, YES24 고문 제의를 수락했음을 알 수 있다. 즉, 정 총리후보자
는 겸직 문제가 간단하지 않다는 것을 알고 있었기에 서울대학교 담당
직원에게 전화해서 허가를 받아야 하는지를 질문했고, 그 조언을 바탕
으로 YES24 고문직을 수락한 것이다.

따라서 정 총리후보자의 YES24 고문 겸직에 청문위원들이 주장하는
'위법인 영리행위' 잣대를 들이대기에 적합하지 않고, 또 '허가 여부를
확인한 다음 고문직을 수락'했기에 그렇게 공격받아야 할 이유가 하등
없다는 것을 알 수 있다.

더욱이 다음 정 총리후보자의 발언을 보면 야당 청문위원들이 YES24
고문 겸직을 이유로 국가공무원법 위반이라고 공격하는 것에 대해 억울
한 마음이 들었을 것으로 추측된다.

국무총리 후보자 정운찬
제 말씀을 이해해 주십시오. 책을 좋아하고 책 보급이 중요하다고 생각
을 해왔기 때문에 거기서 일을 맡아 달라고 해서 맡았었고 워낙은 사외
이사를 해달라고 그러는데 사외이사는 원하지 않는다, 그래서 고문으로
됐습니다. 그리고 고문료를 얼마 주냐고 저한테 의논한 적도 없고 제가
얼마 달라고 한 적도 없는데 그쪽에서 말하기를 한꺼번에 다 주는 것보
다 편리하게 나누어 주겠다고 해서 나누어 준 것에 불과합니다.

즉, 정 총리후보자는 YES24에서 사외이사를 제안했지만 사외이사는 허가 대상이고, 사기업 사외이사를 맡는 것은 본인의 원칙에 어긋나기 때문에 거절해 '고문'직을 맡게 된 것이다. 그 과정에서 법적 문제 등을 충분히 검토한 후 '책 관련 회사'의 '고문'직을 수락했는데, 이를 위법이라고 추궁해 오자 이를 인정하기 어려웠던 것이다.

그러나 정 총리후보자가 사전 확인 조치를 했다고 하더라도 민노당 이정희 의원은 '서울대 총장의 허가'를 받지 않았기 때문에 문제가 있다고 지적한다. 정 총리후보자의 모든 행동이 선의에서 출발한 것은 이해하지만 법률에 따라 허가를 받아야 한다고 지적한 것이다.

다음은 이정희 의원의 발언이다.

정 제26조에 적용이 되는 겁니다.

그래서 서울대에서 그때 해석을 잘못 해줬을 수는 있습니다. 그러나 지금 국가공무원법을, 그때 당시에 어땠는가를 보지 마시고요 지금 이것이 객관적으로 어떤 문제인가를 보시면 국가공무원 복무규정에 사전 허가는 받아야 돼요. 그리고 그것은 담당 직무 수행에 지장이 없어도, 돈을 안 받아도 받아야 돼요. 허가를 받아야 되는데 안 받으신 것은 분명한 것입니다.

……

이정희 위원

(책 보급을 위해서라는) 저도 그 목적에는 동의합니다만 그러나 국가공무원법은 기본적으로 공무원이 다른 일을 겸직할 때는 영리건 아니건 허가를 받으라는 게 취지인 겁니다. 다만 영리를 목적으로 하는 경우에는 공무원 일반은 아예 할 수가 없지만 교육공무원은 영리를 목적으로 해도 사외이사의 경우에는 일정하게 허용을 해준다는 것이지요. 그나마도 서울대학교는 규정이 있습니다.

제가 사외이사 허가해 주셨던 기록들을 일일이 다 하나하나 봤는데 비록 실비, 연구료, 자문료 이렇게 받기는 해도, 그 액수가 상당히 되기는 해도 보수 명목으로 받으신 분은 아무도 없더라고요. 아예 신청서 자체에 '보수 없음' 이렇게 서식으로 인쇄되어 있는 단과대학들도 꽤 있었습니다.

그렇다면 그것은 이미 사외이사에 대해서도 보수는 안 된다, 어디 국립대학교 교수가 밖에 가서 보수 받는다고 하겠느냐, 이것은 겸직이라는 원칙이 분명하게 있는 것이지요.

따라서 아무리 좋은 일을 하고자 하셨다고 하더라도 절차 위반은 분명한 것입니다, 허가가 없었다면. 누구의 잘못이든지 간에. 그리고 그 책임을 피할 수는 없습니다.

이정희 위원

내정자님께 아까 제가 국가공무원법 위반 문제를 말씀드렸는데, 그것에 대해서는 아까 입장을 표명하셨습니다. 제가 논쟁을 하고 싶지는 않습니다. 다만 법률에 대해서 '문헌 해석이 우선이다' 라는 것을 앞으로 법을 많이 집행하셔야 되기 때문에 그것을 먼저 말씀드리고 싶습니다.

국가공무원법은 이렇게 얘기합니다. 64조에 영리 업무 및 겸직 금지, 두 가지를 얘기합니다. 그래서 1조에서 '공무원은 공무 외에 영리를 목적으로 하는 업무에 종사하지 못한다.' 이게 전단이고요, 후단이 있습니다. '소속 기관장의 허가 없이 다른 직무를 겸할 수 없다.' 그러니까 영리 업무는 아예 금지되는 것이고 그리고 소속 기관장의 허가 없이는 다른 직무도, 비영리 직무라도 겸할 수 없다, 허가받아야 된다는 두 가지 얘기를 하고 있습니다.

다만 영리를 목적으로 하는 업무가 무엇이냐에 대해서는 해석의 여지가 있을 수 있습니다. 따라서 그 해석을 국가공무원 복무규정에 둔 것이고 서울대학교에서는 아마 그것에 따라서 세부적인 규정을 둔 것이라고 봅니다.

그런데 겸직 허가를 어떻게 할 것이냐 하는 문제에 대해서는 사실 절차를 마련하는 것이 맞고요. 그것을 행정안전부나 다른 데서 교육인적자원부의 질의 회신집을 찾아봤습니다. 그랬더니 2006년 9월 21일자 회신

 정운찬 시시비비

인데요, 사안은 약간 다르나 이런 표현이 있습니다. '겸직 문제에 대해서 국가공무원 복무규정 26조에 따라서 비영리 업무에 대해서도 소속 기관장의 사전 허가를 받아서 겸직할 수 있다.' 이런 표현이 있습니다. 따라서 비영리 업무에 대해서는 이것은 어떤 때 허가 대상이 되고 어떤 때 허가를 안 받아도 되느냐의 법리적인 논쟁이 전혀 없는 사안인 것입니다. 무조건 이것은 허가를 받아야 되고, 다만 허가를 안 하는 경우와 허가를 할 수 있는 경우가 있는 것입니다. 허가를 안 하는 경우에는 직무 수행에 지장이 없어야 된다는 것이고요. 이런 법리 구조를 보면 피해갈 수 있는 방법이 있는 사안은 아닙니다. 분명히 말씀드립니다.

참으로 논리적이고 날카롭지 않은가? 그런데 이정희 의원의 발언을 듣고 속기록을 다시 읽다 보면 한편으로 수긍하면서도 다른 한편으로는 수긍할 수 없는 대목이 있다. "문헌 해석이 우선이다"라는 발언이다.

이정희 의원 발언에 따르면 청문회에서 격하게 논란이 된 YES24 고문 겸직 건의 핵심은 '허가를 받았는가, 받지 않았는가'이다. 허가를 받았으면 모든 게 합법이고 문제되지 않지만, 허가를 받지 않았기 때문에 위법이라는 것이다. 청문회장을 뜨겁게 달구었던 YES24 고문 겸직 논란이 모두 해소되는 것이다.

그런데 이정희 의원은 '문헌 해석'을 통해 절차상 문제가 있다고 지적했다. 하지만 정 총리후보자처럼 비전문가가 전문가에게, 그것도 담당자에게 질문하여 그 조언을 따라 행동했는데 그 결과에 대해 책임을 묻는 경우 인정해야 할까?

국회의원인 청문위원들은 이런 경우 어떻게 할 것인가? 선관위에서 수년간 해당 업무만을 담당해 온 직원에게 질의하여 조언을 받은 다음 행동했는데, 상대방이 '당선 취소에 해당하는 선거법 위반'이니 고소한단다. 인정하고 사퇴하란다. 청문위원들은 인정하겠는가? 인정하지 않겠는가? 법원으로 쫓아갈 것인가? 아니면 배지를 조용히 뗄 것인가?

청문회를 본 일반인은 이런 경우 어떻게 생각할까? 수년간 지역사정을 잘 알고 있는 담당 공무원에게 질의하고 집을 수리했는데 어느 날 다른 기관에서 감사를 나와 위법이라고 수리한 곳을 부수고 벌금을 내라고 할 때, 행정소송을 청구하지 않겠는가. 정 총리후보자의 심리가 이와 같은 것이다.

더불어 YES24 고문 겸직과 관련한 청문위원들의 발언에 대해 몇 가지만 지적해 보자.

사외이사는 무보수 직책이 아니다
첫째, 사외이사가 무보수라고 발언했다. 그럼으로써 정 총리후보자가 대단히 많은 수입을 올리는 부도덕한 사람으로 이야기했다.

"사외이사 허가해 주셨던 기록들을 일일이 다 하나하나 봤는데 비록 실비·연구료·자문료 이렇게 받기는 해도, 그 액수가 상

당히 되기는 해도 보수 명목으로 받으신 분은 아무도 없더라고
요. 아예 신청서 자체에 '보수 없음' 이렇게 서식으로 인쇄되어
있는 단과대학들도 꽤 있었습니다."
                                                  – 이정희 의원

"정운찬 총장께서 총장 재직 시절에 수십 건의 겸직 허가를 결재
를 하십니다. 심지어는 이렇게 봉급이 없습니다. 이 사외이사들
은 전부 봉급이 없어요. 이렇게 실비 제공 항목만 되어 있습니
다. 모든 분들이 이렇습니다. 보수 수령 여부는 '없음' 입니다,
전부 다."
                                                  – 최재성 의원

물론 청문위원들이 제시한 서류들이 의원들이 자체적으로 확보한 것
이 아니고, 서울대에서 제공한 것이기 때문에 의원들에게 책임을 떠넘
길 수는 없다.

그렇지만 YES24의 모든 사업을 검색하는 노력을 아끼지 않았던 의원들
이 인터넷 검색창에서 왜 '사외이사 봉급'은 검색하지 않았을까? 분명 검
색했을 것이다. 검색하면 연봉이 1억 언저리에서 5천만 원까지 다양하게
나온다. 더욱이 청문위원들이 거론하는 이 전 서울대 총장의 경우 엘지화
학에서 상당액의 봉급을 받은 것이 알려지면서 여론이 악화해 사퇴한 것
이다. 단순히 사외이사를 했기 때문에 여론이 나빠진 것이 아니다.

그럼에도 청문위원들은 마치 서울대 교수들이 사외이사를 맡으면
'무보수'로 봉사하는데 유독 정 총리후보자만 수익을 얻은 행위를 한 것
처럼 이야기하고 있다. 물론 서울대가 제출한 서류에 근거해 이야기하
고 있기 때문에 의원들의 책임이 없다는 것은 알지만, 사실은 그렇지 않

다는 것을 지적하려는 것이다.

서울대 교수뿐 아니라 시민단체에서 일하는 시민운동가들도 사외이사를 하면 봉급을 받는다. '상장사의 등기 사외이사'는 '명예 봉사직'이 아니다. '상장사의 등기 사외이사'직은 '법적 책임'이 따르는 직책이기에 당연히 그에 합당한 봉급을 받는 것이 맞다.

다음 기사는 사외이사가 무보수 직책이 아님을 보여주는 예들이다.

상장사 사외이사 평균 연봉 4346만 원
현대차 8700만 원 가장 많아

시가 총액 100위 상장기업의 지난해 사외이사 평균 연봉은 4346만 원인 것으로 나타났다.

21일 금융감독원에 제출된 사업보고서를 종합하면, 유가증권시장·코스닥시장의 시가총액 상위 100대 기업 중 현대자동차의 사외이사 연봉이 8700만 원으로 가장 많았다. 이어 하나로텔레콤 8208만 원, 에스케이텔레콤 7700만 원, 케이티앤지 7676만 원, 국민은행 7100만 원, 엘지전자 7천만 원 등 6개사의 사외이사 연봉이 7천만 원을 넘었다. 사외이사 연봉이 6천만 원대인 곳은 엘에스네트웍스·케이티·엘지·신세계·엔씨소프트·삼성에스디아이·삼성전기·아모레퍼시픽·현대산업·삼성물산·에스티엑스엔진·삼성전자·케이티에프·지에스 등 14개사였다. 이들 20개사의 사외이사 평균 연봉은 6810만 원에 달했다.

코스닥시장 시총 1위 기업인 엔에이치엔의 지난해 사외이사 연
봉은 현대차의 10분의 1 수준인 800만 원에 불과했으나, 사외이
사들이 받은 주식매수선택권(스톡옵션) 가치는 1억 원을 웃도는
것으로 추산된다. 엘에스산전·웅진홀딩스·현대오토넷·한진
중공업홀딩스·코미팜 등은 사외이사 연봉이 2천만 원에 못 미
쳐 하위권에 머물렀다.

김진철 기자 nowhere@hani.co.kr

기사 등록 : 2008-04-21

둘째는 YES24 회사를 최 의원이 인터넷 사교육업체라고 주장하는데
객관적으로 인정할 수 있는 타당한 주장인지 살펴보자. 인터넷에서
'YES24' 또는 '예스24'를 검색하면 다음과 같이 나온다.

포털 다음에서 검색한 결과다.

포털 네이버 검색 결과다.

다음은 구글의 검색 결과다.

YES24 - 대한민국 대표 인터넷서점
신간 및 모든 도서를 최고 37% 할인가에 판매하며 온라인에서 직접 읽는 전자도서도 구매할 수 있는 인터넷 종
합서점으로, 조선일보 인터넷 대상, 우수 사이버몰, 모범상점 인증 등을 수상한 국내 최대, ...
www.yes24.com/ - 저장된 페이지 - 유사한 페이지

국내도서   베스트셀러
음반   Gift
DVD   영화
외국도서   좋은 공연 편리한 예매

yes24.com 검색결과 더보기 ··

YES24 - 대한민국 대표 인터넷서점
전체, 국내도서, 외국도서, e-러닝, eBook, 음반, DVD, 영화, 공연, GIFT, 화장품, --------------, 도서본문,
블로그, 채널예스. 상세검색 · 분야전체보기 .... YES24영화만의 예고편 프리뷰 ...
www.yes24.com/Main/default.aspx - 저장된 페이지 - 유사한 페이지

 정운찬 시시비비 

이상의 검색 결과에서 최재성 의원의 "인터넷 사교육업체"라는 주장
은 사실을 과대포장하여 왜곡한 것임을 알 수 있다. YES24가 'e-러닝'이
란 사이트를 만들어 강의하고 있지만 네티즌과 국민에게 YES24는 '서
점'이지 '학원'이 아니다.

위와 같이 인터넷 검색창에 YES24를 입력하면 '대한민국 대표 인터
넷서점'으로 나온다. 그 회사가 사업영역을 늘려 인터넷 학원사업을 한
다고 하더라도 그것을 "광고 모델", "공교육이 사교육에 양자를 간 격"
이라 하면서 정 총리후보자에게 모욕을 줄 수는 없다. 즉 최 의원의
'YES24가 사교육업체'라는 주장은 정치인의 놀라운 그림그리기 기술
이라 할 것이다.

다음은 사족으로 YES24 고문 겸직과 관련한 청문위원들의 시각에 선
입견은 없는가? 정 총리후보자의 의견에 귀기울일 생각을 갖고 있었는
가를 판단해 보기 위해 이런 가정을 해보기로 하자.

정 총리후보자의 질문을 받은 서울대 담당 직원인 이혜경 씨가 '허락
을 구해야 합니다'라고 답하고, 허락을 구했을 경우다. 그러면 청문회에
서 논란이 되지 않았을까?

그렇지 않았을 것이다. 다음과 같은 최재성 의원의 청문회 속기록을
보면, 왜 서울대에서 허가했느냐고 문제삼았을 것 같다.

최재성 위원

그렇습니다. 이것은 교원으로서, 국가공무원인 교원으로서, 교수로서 승인받아야 될 두 가지를, 영리법인일 경우에 승인받아야 될 두 가지를 서울대 규정에 명시를 한 게 아까 얘기한 대로 벤처기업과 상장법인의 그 해당 사항입니다.

비영리법인도 총장의 승인을 득해야 되는데 후보자께서 지금 고문으로 계속 고문료만 받았다고 주장하시는 데는 영리법인입니다. 그래서 거기에 고문으로 되느냐 마느냐의 문제는 이혜경 증인이 답변할 수 없는 것입니다.

만약에 이혜경 증인께서 후보자가 만약에 내가 영리법인의 고문을 하려고 하는데, 그리고 또 고문료를 한 번에 받든 열두 달에 나누어서 받든 고문료를 받는 그런 수입이 발생한다 그러면 어떻게 자문하셨겠어요? 이혜경 증인, 된다고 하셨겠어요? 나는 '모르겠다' 혹은 '안 된다' 둘 중의 하나라고 본 위원은 사료가 되는데요.

증인 이혜경

그런 질문을 하실 때 수입에 대해서 말씀을 하실 걸로는 생각은 하지 않고요.

최재성 위원

그러면 영리회사 고문이라고는 얘기하셨습니까?

증인 이혜경

그냥 고문이라는 말씀을 하신 걸로 대충 기억은 나는데요.

최재성 위원

영리회사 고문이라고 그랬으면 뭐라고 대답하셨겠어요?

증인 이혜경

고문에 대해서 저희가 따로…… 고문 같은 것들은 교수님들이 자문위나 이런 활동은 많이 하실 것으로 보는데요.

최재성 위원

그래서 영리회사인지는 모르고 하신 건가요?

증인 이혜경

그렇다기보다는 그 고문이 자문 활동을 하는 거라고 보고, 이제 그것은 어떤 직무 아니면 책임, 경영에 참여하는 그런 것은 아니니까 아닐 걸로 제가 생각을 했을 겁니다.

최재성 위원

하여튼 영리회사인지는 몰랐던 상태지요? 그리고 급료를 받는지도 몰랐던 상태고?

증인 이혜경

어쨌든 자문 활동이었다라고 제가 이해를 했다면 아니라고 말씀했을 가능성이 있습니다.

최재성 위원

자문 활동, 영리회사의 자문 활동이었다고 그러면…….

증인 이혜경
그러니까 일반적으로 자문이라고 하는 것은 경영에 참여하는 건 아니니까…….

최재성 위원
아니, 그러니까 제가 드리는 말씀은 그 당시에 이해했던 것을 확인하는 게 아니고 영리회사의 자문 활동으로서 급료를 받는다라고 했으면 허락받을 필요 없다라고 대답을 했거나, 그것은 서울대 소관이 아닙니다라고 대답할 수밖에 없었다고 보는데요.
이것은 국가공무원법 위반입니다. 국가공무원법 위반이라고 제가 말씀을 드리는 것 아닙니까? 제가 교육공무원법 위반이라고 얘기를 했습니까? 그래서 이것은 서울대에서 엄두도 못 내는 일입니다. 영리법인이고 거기에서 자문료가 됐든 봉급의 형태로든 돈을 받게 되면 그것은 서울대에서 상담조차 할 수 없는 엄청난 일입니다.

그것을 지금 증인께서 그전에 얘기했던 답변을 드렸던 것은 통상적인 의미의 교수로서의 자문 활동이기 때문에 이혜경 증인이 상상할 수 있는 범주 내의 그것인 줄 알고 이것은 두 가지 규정에 해당되지 않기 때문에, 이것은 영리법인의 활동에 해당하는 벤처기업과 상장법인 사외이사 두 가지에 해당하지 않기 때문에 이것은 허락받을 필요 없다고 하셨던 거고. 비영리법인이라 하더라도 그것은, 비영리법인이었다고 하면 그것은 허락받아야 된다라고 답변했을 수 있는 가능성이 큽니다.

즉 최재성 의원의 발언을 정리하면 교육공무원법에는 상장사와 벤처기업을 대상으로 '사외이사'만을 규정하고 있기 때문에 '고문'직은 공무원의 겸직을 규정하는 국가공무원법과 연관된다, 따라서 '고문' 겸직 여부를 판단하는 것은 서울대에서 상담조차 할 수 없는 엄청난 일이 된다.

이러한 최 의원 발언에서 유추한다면 정 총리후보자가 서울대 총장의 허락을 받아 YES24 고문을 겸직했더라도 교육공무원법에 근거한 서울대 총장의 허가를 타당한 것으로 보지 않기 때문에 국가공무원법 위반이라고 공격하지 않았을까 싶다.

미흡하고 안이했던 청문회 준비

인사청문회가 도입된 이후의 모든 청문회를 검토해 보면 인사청문회에서 야당의 선의를 기대한다는 것은 '같은 국회의원'이 아니면 연목구어(緣木求魚)라는 것을 알 수 있다. 정 총리후보자는 오랜 세월 알고 지내온 사람들이 한나라당보다 민주당에 많다고 생각했던 것으로 보인다. 그러나 "연애는 민주당과 하고 시집은 한나라당에 갔다"는 민주당의 정서를 고려하지 않고 그들의 선의를 기대하고 청문회 준비를 안이하게 한 것은 크나큰 실수였다.

정 총리후보자는 청문회 과정에서 '겸직'한 것이 YES24와 성곡재단, 수암재단, 청암재단 정도만 있는 것으로 비춰졌다. 그런데 청문회 이후에 한국신용평가·하나금융연구소·일본 CSK-IS에서도 사외이사 등을 역임한 것으로 보도되면서 '위증'으로까지 연결되어 부정적인 여론을 더욱 확산시켰다. 이것들과 관련된 내용을 살펴보기로 하자.

특히 민노당 이정희 의원의 발언은 정 총리후보자를 '사회봉사는 하지 않고 돈과 연관된 겸직만 맡은 교수'로 비춰지게 하는 데 한몫 했다. 최재성 의원은 한술 더 떠 청문회 이후 확인된 '겸직' 사례를 엮어 정 총리후보자를 '고문 기술자'로 낙인찍었다.

이정희 의원은 청문회에서 정 총리후보자에게 다음과 같이 지적했다.

이정희 위원

그것을 이해를 못하시고 계속 좋은 일 했다 이렇게 말씀하시면 국민들이 정운찬 총장님에 대해서 기대가 무너지게 되는 것이지요. 가령 총장님께서 문화관광부라든가 또는 군의 장병들에게라든가 젊은이들이 얼마나 많습니까? 그런 사람들에게 내가 이 문제에 대해서 추천도서 써주겠다, 골라 주겠다, 사인회 하겠다 했으면 아무 문제 안 됩니다. 하지만 이것은 영리업체인 겁니다. 그러니까 굉장히 심각한 문제가 되지요.

더군다나 가령 이것을 허가를 받으시고 또는 허가를 못 받으셨다 할지라도 이 문제에 대해서 '내가 이렇게 좋은 일을 해서 4000만 원, 5000만 원 받았다. 그러니 이것을 내가 학생들한테 장학금이라도 주겠다' 라든가 최소한의…… 아무리 법 위반이 있더라도 그런 일을 하셨다면 또 모르겠으나 그냥 개인 소득으로 들어간 것 아닙니까? 광고 모델 하신 것 아닙니까? 어떻게 생각하십니까?

이정희 의원이 이렇게 지적할 수 있는 것은 후보자를 검증하면서 '무죄 추정'과 '선의의 이해'를 갖고 청문회에 임했기 때문으로 보인다. 정 총리 후보자로서는 이 문제를 해명하고 자신의 입장을 충분히 밝힐 수 있는 기회가 주어진 셈이다. 그러나 정 총리후보자는 그 기회를 놓쳤다. 청문회 준비가 미흡하고 안이했음을 보여주는 예라 할 수 있다. 만일 정 총리후보자 본인이 준비를 충분히 했다면 과거 행적을 꼼꼼하게 챙겨서 이처럼 기회가 왔을 때 자신의 행위에 대해 충분히 해명할 수 있었을 것이다.

정 총리후보자가 청문회에서 밝히지 못했지만 '겸직'한 직책은 많다. 이 의원이 지적한 것처럼 군 장병들에게 책을 보급하기 위한 공익활동 성격의 것도 있고, 80년대의 암울한 시대 상황 때문에 사회과학 분야가 후퇴하지 않도록 용감하게 활동한 일도 있다.

수천 개의 대한민국 상장사의 모든 사외이사 겸직 상황을 과거까지 철저히 조사했다는 민주당 최재성 의원이 왜 이러한 것은 찾아내서 제시하지 않았는지 궁금하다.

그러면 정 총리후보자가 겸직한 직책들에는 어떤 것이 있었는지 살펴보기로 하자. 교육부 또는 서울대 총장의 허가를 얻어야 하는 것도 있고, 그렇지 않은 것도 있었을 것이다.

사랑의책나누기운동본부 · 한국사회과학자료원 등 이사직도 맡아

먼저 이 의원이 지적한 '책보급운동'이다. 그것도 군 장병들을 위한 활동이다. 정 총리후보자는 '(사)사랑의책나누기운동본부' (이하 운동본부)

의 등기이사직을 맡고 있다. 운동본부는 군 장병들이 책을 읽을 수 있도록 군대에 도서관을 짓거나 책을 보급하는 운동을 목적으로 1999년에 창립되었으며, 이사장은 김성재 전 문화관광부 장관이다. 정 총리후보자는 등기이사로 이 운동에 참여하고 있다. 이 법인에 도움이 되고 발전할 수 있도록 "각별히 수고를 많이 해주셨다"고 관계자들은 증언하고 있다.

다음은 관련 기사다.

병영도서관 건립운동 캠페인

"병영도서관은 대한민국의 희망이다."
병영도서관 건립을 위해 명사들이 한목소리를 내고 있다. 2003년부터 병영도서관 건립 국민운동을 이끌고 있는 김성재 전 문화부장관은 다리가 불편한 장애인이다.
하지만 강원 최전방 산골에서 제주 최남단까지 병영도서관을 위한 일이라면 발걸음이 가볍다. 김 전 장관은 "병영도서관은 국민을 위해 자신들을 희생하는 청년 군인들에 대한 최소한의 보답이며 지식정보사회에 국가 발전을 위한 길"이라고 강조한다.
정운찬 전 서울대 총장 역시 "연간 30만 명에 이르는 군 입대 장병들을 얼마나 잘 관리하고 개발하는가 여부는 국가 경제 성장에도 매우 중요한 변수"라며 병영도서관 건립 운동에 참여하고 있다.

신인령 삼성고른기회장학재단 이사장, 김봉희 이화여대 도서관
장 등과 함께 미용인 박준씨도 시간만 나면 군부대를 찾아 어려
웠던 시절을 극복한 자신의 이야기를 들려주며 병영도서관 건립
운동에 참여하고 있다. 박씨는 "북한의 병사들도 우리의 책을
볼 수 있으면 좋겠다"는 희망을 피력했다.

한편 병영도서관에 대한 학문적 접근을 시도한 최초의 저작물이
최근 출간됐다. 통일부 북한자료센터의 송승섭 박사가 펴낸 『병
영 도서관의 이해』(한국학술정보)는 우리나라 병사들의 독서 실
태, 병영도서관 운영 모델 연구, 미군의 병영도서관에 대해 다루
고 있다.
이 책은 병영도서관이란 이름조차 생소했던 시절부터 사단법인
사랑의책나누기운동본부가 펼쳐온 병영도서관 건립 운동의 취
지에 동감해 연구를 시작한 지 5년 만에 탄생됐다.

후원 문의 02-4465-5417
-〈일간스포츠〉, 2007. 12. 20

〔홍천〕 도서관으로 병영 생활 활기
사랑의책나누기운동본부 11사단 책 2000권 전달

(사)사랑의책나누기운동본부는 지난달 30일 제11기계화보병사
단 기갑수색대대에 2000여 권의 도서를 전달하며 부대 내에 '베
스트 리딩 존' 이란 이름의 병영도서관 개관식을 가졌다.

2년간의 군복무 기간 중 장병들 스스로 독서습관을 몸에 익힐 수 있는 문화적 공간을 마련하자는 취지에서 추진됐다.

민간단체인 사랑의책나누기운동본부는 1999년 7월 제1사단을 시작으로 현재 전국 50여 개의 군부대에 병영도서관을 개관하며 장병들에게 꿈과 희망을 전하고 있다.

이 같은 취지에 공감해 정운찬 전 서울대 총장과 황규식 전 국방부 차관, 신인령 삼성고른기회장학재단 이사장, 김봉희 이화여대 도서관장, 권경현 교보문고 대표 등 국내 유수 인사들이 병영도서관 개관에 힘을 보태고 있다.
현 운동본부는 김성재 전 문화관광부 장관이 이끌고 있다.
11사단 관계자는 "장병들의 문화적 욕구를 충족시킬 수 있는 중요한 계기가 돼 더욱 의미가 남다르다"며 "사랑의책나누기운동본부에 거듭 감사의 인사를 전한다"고 했다.

홍천=류재일 기자
-〈강원일보〉, 2008. 2. 1

둘째, 한국사회과학자료원의 이사를 맡고 있다.

사회개혁운동에 관심을 갖고 70~80년대를 살았던 사람은 80년대 초반의 한국 사회 분위기와 5공화국 정권의 사회과학 서적에 대한 극도의 편향된 시각을 경험했을 것이다. 그러한 분위기 속에서 정 후보자는 사회과학 자료 축적이 절실되지 않도록 에스콰이어로 하여금 '한국사회과학도서관'을 설립하도록 조언하면서 자문위원을 했고, 후일 '한국사

회과학도서관'과 '한국사회조사데이터아카이브'가 통합된 '한국사회과
학자료원(KOSSDA: Korea Social Science Data Archive)' 의 이사를 맡았다.
이 과정에서 교육부 허가를 받지 않았다. 5공화국 때 신청했으면 교육부
에서 허가해 주었을까?

셋째, 경암교육문화재단 학술위원회에서 일했다. 경암재단은 개인이
설립한 국내 재단 중 최고의 상금을 지급, 학문 발전에 기여하고 있다.

다음은 관련 기사다.

'상금 1억' 경암학술상 수상자 선정
'과학사회학' 서강대 김경만 교수 등 5명 선정

개인이 설립한 재단 가운데 최고 상금액을 자랑하는 경암교육문
화재단의 학술상 수상자 5명이 선정됐다. 경암교육문화재단은
21일 제5회 '경암학술상' 수상자를 선정해 발표했다.

인문·사회 부문에는 우리나라에 '과학사회학'을 소개해 발전시
킨 공로로 서강대 김경만 교수가 선정됐고, 자연과학 부문에는
'산화물전자공학'이라는 응집물리학 분야에서 국제 학계를 선
도하고 있는 서울대 노태원 교수가 선정됐다.

생명과학 부문에는 '후성유전체' 분야에서 탁월한 연구 업적으

로 세계적 명성을 얻고 있는 연세대 김영준 교수가 선정됐고, 공
학 부문에는 방대한 양의 정보를 처리할 수 있는 광바이오 기능
성 광자결정 구조체를 개발해 국제 학계의 주목을 받고 있는 카
이스트의 양승만 교수가 선정됐다.

예술 부문에는 독보적인 위치를 점한 세계적인 피아니스트 백건
우 씨가 수상자로 선정됐다. 수상자들은 각 분야마다 5명의 석
학과 전문가들로 구성된 심사위원회의 심사를 거쳐 선정됐으
며, **심사위원장은 정운찬 총리 후보자가 맡았다.**

수상자들에게는 각각 1억 원의 상금이 수여되며 시상식은 오는
11월 6일 해운대 누리마루 2층 회의실에서 열린다. 상금 1억 원
은 기업이 출연해 만든 재단인 호암이나 청암을 제외하고 개인
이 설립한 재단 가운데서는 최고 액수다.

경암교육문화재단은 부산의 향토기업인 태양그룹 송금조 회장
이 1000억 원의 사재를 출연해 만든 순수 공익 재단으로 학술 진
흥과 인재 양성을 목적으로 지난 2004년 설립됐다.

부산 CBS 정민기 기자 mkjung@cbs.co.kr
-〈노컷뉴스〉, 2009.9.21

넷째, 덕성여자대학교 이사를 맡은 적이 있다.

지난 2008년, 덕성여자대학교가 오래되었지만 아직도 미해결된 사학
·분규로 임시(관선)이사를 뽑았는데, 이때 교직원들의 추천으로 이 학교

이사로 추대되었고, 교육부가 승인하여 활동한 적이 있다.

다음은 관련 기사다.

지난 2일 본교 임시이사 파견

지난 2일 교육과학기술부에서 학교법인 덕성학원에 임시(관선) 이사 선임을 통보했다. 우리 대학 임시이사로는 ▲고숙희(前 덕성여대 약대 동문회장) ▲김은섭(교육과학기술연수원장) ▲박원순(변호사, 아름다운재단 상임이사) ▲장재덕(한국외대 수학과 교수) ▲**정운찬(서울대 경제학부 교수)** ▲정현백(성균관대 사학과 교수, 21세기 여성포럼 공동대표) ▲조준모(성균관대 경제학부 교수, 중앙노동위원회 공익위원) 이상 7명이 파견됐다(※가나다순).

임기는 지난 2일부터 2년 범위 내 해임 조치시까지이며 이사회는 앞으로 교원 인사 및 학내 중요 사안에 대한 의결권을 가지게 된다. 지난 17일 제9차 이사회에서는 고숙희씨를 이사장으로 선임했다. 10차 임시이사회의는 오늘 있을 예정이다.

김민지 기자 minji1012@duksung.ac.kr
－2008년 9월 27일(토) 23:09:23

다섯째, 2000~2004년 대우문화재단에서 주관한 학술위원회가 간행하는 '대우학술총서' 선정과 방향 설정에 참여했다.

이밖에도 '학술 활동', '도서 보급'과 관련하여 단발성 참여 활동을 많이 했다. 그럼에도 불구하고 정 총리후보자는 청문회장에서 그런 일들을 전혀 기억해 내지 못했다.

이정희 의원이 친절하고도 고맙게 YES24 고문 겸직 건 문제를 덮을 수 있는 기회를 주었는데도 '사랑의책나누기운동본부' 생각을 왜 하지 못했을까? 기금을 모금해 주거나 책을 기증받아 전달한 일도 많고, 모금과 전달 행사에 참여까지 했음에도 왜 그런 일들을 기억하지 못했을까?

정 총리후보자는 민주당 청문위원들이 YES24 고문 겸직을 매개로 '주홍글씨'를 새기고 있는 상황을 중단시킬 수 있는 반전 기회를 잡았으면서도, 또는 최소한 주홍글씨를 파낼 기회가 주어졌음에도 이를 활용하지 못하고 '금전' 이야기만 하고 있다.

정 총리후보자는 이정희 의원이 만들어 준 기회를 이렇게 허비한다.

국무총리 후보자 정운찬
글쎄, 시기가 일치하지 않을지는 모르지만 제가 지금 말씀하신 것 중에 조그만 일은 하나 했습니다. 서울대학교 수의과대학에 있는 스코필드장학기금에 전체적으로는 2000만 원을 냈는데…….

정 총리후보자가 YES24 고문과 관련하여 중요하게 생각한 것은 '돈', '영리행위'를 해명하는 것이었다. 본인은 '책 보급에 도움을 주고자 했는데, 그 돈을 받지 않아도 사는 데 지장이 없는데, 돈을 벌기 위해서 불법 영리행위를 했다니…… 이것은 사실이 아니기에 반드시 해명해야 한다'는 생각으로 가득 차 있었던 것이다.

그래서 군 장병을 위해 책 보급 운동도 했고, 그 밖의 사회단체 활동을 했음에도 '나는 돈을 탐하는 사람이 아니다'라는 것을 보여주기 위해 겨우 생각해 낸 것이 '장학금'이었다. 이처럼 정 총리후보자는 이정희 의원이 지적한 '장병 대상 책 보급 운동'에 직접 참여하고 앞장서 활동했음에도 이를 기억해 내지 못할 정도로 청문회에서 YES24 문제로 받은 압박감이 매우 심했다.

정 총리후보자는 청문회에서 기회 있을 때마다 YES24 고문 겸직에 대한 진정성—책 보급에 도움을 줄 수 있다면 좋겠다, 그러나 영리기업의 사외이사를 맡는 것은 사양하겠고, 고문 직책을 가지고 경영 자문을 해주는 것은 받아들일 수 있다, 법적으로 허가를 받아야 한다고 하니 허가를 받으려고 서울대 담당 직원에게 문의했다, 담당자가 "받을 필요가 없다"고 하여 받지 않았을 뿐이다—을 설명하고 이해시키기 위해 노력했다.

다음 속기록을 보면 정 총리후보자가 YES24 고문 겸직 건을 청문위원에게 설명하고 이해시키기 위해 얼마나 애썼는가를 엿볼 수 있다.

국무총리 후보자 정운찬

위원님, 한 말씀……

최재성 위원

그리고요……

국무총리 후보자 정운찬

한 말씀 올리겠습니다.

최재성 위원

저한테 제출한 자료가 그렇습니다. 그러면……

국무총리 후보자 정운찬

대학교수가……

최재성 위원

자료를……

국무총리 후보자 정운찬

한 말씀 올리겠습니다.

최재성 위원

아니……

국무총리 후보자 정운찬

위원님, 위원님 제 사정도 좀 말씀드리겠습니다.

최재성 위원

조금 이따가 하십시오.

백원우 위원

증인께서는 묻는 말에만 대답하세요.

위원장 정의화

백원우 위원님, 그건 위원장이……

최재성 위원

위원장님!

국무총리 후보자 정운찬

위원님들이 질문을 해주시면서 저한테 대답할 기회를 좀 주십시오.

이처럼 정 총리후보자는 해명할 기회를 적극 요청했으나 아무 소용이 없었다. 야당 청문위원들은 정운찬이라는 '먹잇감'을 쉽게 포기하지 않았고, '겸직' 문제를 청문회 이후까지 끌고 갔다.

하나금융연구소 직원이 작명한
'비상근 고문' 직

청문회 이후 민주당과 정 총리후보자 간에 벌어진 상황은, 청문회 때 보여준 민주당의 모습이 공당(公黨)으로서 공직자 검증에 대한 책임의식의 발로라기보다는 "(총리) 후보를 도덕적으로 흠집내겠다는 일편단심"(이인호)이었음을 확실하게 보여주었다. 청문회에서 충분히 설명되고 해명된 내용조차 인정하지 않고 기회가 있을 때마다 공격했기 때문이다.

특히 겸직 문제와 관련한 의혹 제기는 그야말로 '광풍'이라 해도 과언이 아니었다. 다음 기사에서 확인할 수 있듯이 청문회 이후 밝혀진 정 총리후보자의 '겸직'에 대해 '위법', '위증', '거짓말', '양파' 등 온갖 법적 용어와 도덕성에 상처를 주는 용어를 사용하여 공격했다.

이처럼 민주당과 언론이 정 총리후보자가 거짓말하고 '위증'했다고 연일 주장한 근거는 다음 최재성 의원의 질의에 대한 정 총리후보자의 답변 때문이었다.

최재성 위원

지금 yes24 말고 급료를 받지 않고, 그러니까 수입이 없는 상태로 자문하고 있는 곳은 한 군데도 없는 것이지요? 그냥 무료 자문이나 아는 관계이고 또 도와주고 싶어서 자문이나 고문 역할을 하고 있는 데는 한 군데도 없습니까?

국무총리 후보자 정운찬

글쎄, 정의하기 나름이지만 지금 우선 저는 지금까지 가지고 있던 자리를 전부 사직을 했습니다만, 여기 총리 지명…….

최재성 위원

지금 다 사직하셨지요, 당연히.

국무총리 후보자 정운찬

총리 지명받기 전에 예를 들어서 청암재단이라고 있습니다. 거기에서 이사를 했습니다. 거기는 허락을 받고 했습니다, 이사 자리기 때문에. 그런데 거기에서 받은 것은 물론…….

최재성 위원

영리기업에는 공식적으로 등록돼서 보수를 안 받더라도, 자문료를 안 받더라도 자문이나 고문 역할을 하거나 혹은 형식적으로라도 그런 제의를 받거나 하신 적은 한 번도 없습니까?

국무총리 후보자 정운찬

저는 그런 관계는 없습니다.

이상의 정 총리후보자와 최 의원 간의 대화에서 정 총리후보자의 (1) "지금까지 가지고 있던 자리를 전부 사직했다"와 (2) "청암재단은 허락을 받고 했습니다", 그리고 (3)"그런 관계는 없습니다"라는 발언이 민주당과 일부 언론이 정 총리후보자에게 '위증'과 '거짓말' 혐의를 두는 근거다.

민주당과 언론이 '위증'의 근거로 제시한 사례는 모두 다섯 건이다. '하나금융경영연구소 비상근 고문 건', '청암재단 이사 허가 여부 건', '예금보험공사 비상임이사 건', '한국신용평가 비상임이사 건', '일본의 지속성장연구소(CSK-IS) 비상임이사 건' 등.

그러나 앞으로 살펴보겠지만 겸직과 관련한 위증과 위법 문제에 있어 정 총리후보자가 '착각'에 의한 '실수'는 했을지언정 민주당과 일부 언론으로부터 '거짓말 제조기', '양파 총리'라는 모욕을 받아야 할 이유는 없다. 정 총리후보자가 겸직을 숨기기 위해 최 의원 질의에 고의적으로 거짓 답변을 하여 위증을 하지 않았기 때문이다.

먼저 '하나금융경영연구소 비상근 고문' 논란부터 살펴보자.

위법의 기준은 '형식=직책'이 아닌 '업무=내용'

정 총리후보자에 대한 청문회는 청문회가 끝난 9월 23일 이후에도 계속되었다. 10월 7일 〈한겨레〉가 다음과 같이 보도함으로써 정 총리후보자에 대한 '혹독한 청문회'가 다시 시작된 것이다.

> (정 총리후보자는) 하나금융경영연구소의 비상근 고문을 맡으며 중국 길림대학과 함께 매년 여름 2~3주 동안 진행하는 '중국하

나금융 전문과정'에 지난해와 올해 강사진으로도 참여했다. 또한 총리실 해명과 달리 지난해 5월 하나금융경영연구소가 발간한 연례보고서에는 정 총리의 직책이 '고문'으로 명기돼 있었고, 비상근이지만 연구소 안에 따로 방도 있었고 정 총리는 한 달에 한두 번 정도 연구소에 들렀다. 그리고 1억 정도를 보수로 받았다고 확인되었다.

총리실은 〈한겨레〉의 보도에 대해 "고문료가 아니라 수십 차례에 걸친 원고 게재와 여러 차례 강연의 대가로 돈을 받았다", "이를 사업소득에 포함시켜 종합소득세 합산신고를 통해 모두 세금을 냈다"고 밝혔다. 그런데도 언론은 '하나금융경영연구소' 건을 정 총리후보자가 마치 '의도적으로 숨긴 것을 찾아내 폭로한 것'처럼 공격했다.

하지만 정 총리후보자는 청문회에서 이미 "해외 연구소에서 받은 수익이 있다"고 밝혔다. 그리고 연구소 이름을 말하지 않아 추후 또 다른 논란이 발생하는 것을 막고자 그 해외 연구소가 "일본의 CSK그룹 산하 연구소인 '지속성장연구소(CSK-IS)'이며 비상임이사직을 역임했고, 연구료를 받았으며, 세금은 처리했다"고 밝혔다.

그러나 민주당 이강래 원내대표는 하나금융경영연구소(이하 하나연구소)에 대한 정 총리후보자의 해명에 대해 "정 총리는 1억 원을 받은 게 결국 강연료다, 원고료라고 말하고 있지만, 바로 이 연구소에 공식 고문으로 기록된 것을 보면 누가 봐도 명백한 고문직을 수행한 것"이라고 규정했다. 이는 "국가공무원법 64조 1항 위반"으로 "청문회 당시 명백히 (예스

24 이외에는) 고문을 한 적 없다고 말했기 때문에 위증"이라고 주장했다.

이상의 보도에서 민주당이 하나연구소와 관련하여 정 총리후보자에게 제기한 문제는 '국립대 교수로서 하나연구소에서 고문 겸직을 하여 영리행위를 했기 때문에 국가공무원법 위반'이라는 것과 '위증' 문제임을 알 수 있다.

그러면 이러한 의혹 제기와 주장이 과연 타당한지를 검토해 보자.

먼저 국가공무원법 64조 위반 주장이다. 국가공무원법 64조는 "공무원은 공무 외에 영리를 목적으로 하는 업무에 종사하지 못하며 소속 기관장의 허가 없이 다른 직무를 겸할 수 없다"고 규정하고 있다.

민주당과 언론은 정 총리후보자가 '영리를 목적으로 하는 업무에 종사'했고, '소속 기관장의 허가를 얻지 않았기' 때문에 국가공무원법 위반이라고 주장한다. 그러나 이런 주장에 동의할 수 없을뿐더러 타당하지도 않다고 생각한다. 그 이유는 정 총리후보자가 하나연구소에 참여한 과정과 연구소에서의 역할, 그리고 연구소의 성격 때문이다.

정 총리후보자가 하나연구소와 관계를 맺은 것은 김승휴 하나금융그룹 회장의 요청 때문이었다. 김 회장은 정 총리후보자에게 하나금융그룹 산하의 하나연구소가 중국 길림대학교에 개설한 '하나금융전문과정'에서 강의를 해달라고 요청했다. 이 제의에 정 총리후보자는 중국에 진출한 한국 금융기관을 돕는다는 생각으로 강의를 해주기로 했다.

이러한 상황을 염두에 두고, 민주당과 언론이 제기하는 '국가공무원법 위반' 여부를 검토해 보자.

첫 번째로 민주당 이강래 원내대표 주장의 타당성을 살펴보자. 이강래 대표는 정 총리후보자가 하나연구소로부터 받은 수익이 '강연료·원고료'라는 주장을 인정하지 않고 '고문직에 따른 직책수당'이라고 주장하면서 국가공무원법 64조를 위반했다고 주장했다.

기본적으로 정 총리후보자는 하나연구소에 참여하면서 김 회장과 직책과 수당에 관해 사전에 합의한 적이 없기 때문에 당연히 민주당 주장을 받아들이지 않는다.

설령 '비상근 고문직'을 수행했다고 하더라도, 이강래 대표의 주장처럼 "비상근 고문직을 수행하여 수익을 얻었기 때문에 국가공무원법 64조 위반"이라는 주장은 타당하지 않다. 64조는 영리행위 금지 기준을 '직책명'이 아닌 '업무내용'에 두고 있기 때문이다.

국가공무원법 64조는 영리행위 금지 기준을 '직책=형식'이 아닌 '업무=내용', 그리고 '일회성이나 아르바이트'가 아닌 '장기적 근무' 의미가 내포된 '종사 업무'로 하고 있다. 이것은 법 적용의 공정성을 확보하기 위해서일 것이다. 즉, '형식=직책명'은 조직마다, 사람마다 다르게 부를 수 있어 명확한 기준을 설정하기가 어렵다. 하지만 '업무=내용'을 기준으로 한다면 직책명과 관계없이 법 적용에 공정성과 형평성을 기할 수가 있다.

 정운찬 시시비비

예를 들어 정 총리후보자가 '비상근 고문'이 아닌 '초빙교수'라는 직책으로 하나연구소에 이름만 올리고 강연과 원고 게재도 하지 않으면서 많은 수익을 얻었다면 과연 문제삼지 않을 것인가?

정치권에서는 명함용 경력의 횡행이 일상화되어 있다. 이 때문에 정치권은 문제삼지 않을지 모르지만 상식적으로 '직책명'을 기준으로 공무원의 영리행위 위반 여부를 판단하는 것은 적절하지 않다.

따라서 이강래 대표가 정 총리후보자 수익에 대해 '업무내용'과 관계없이 '고문직 수행에 따른 대가'라고 강변하면서 정 총리후보자가 국가공무원법 64조를 위반했다고 주장하는 것은 타당하지 않다. 정 총리후보자가 64조를 위반했다고 주장하려면, 정 총리후보자의 하나연구소에서의 업무내용을 명확히 하는 것이 필요하다.

1. 정 총리후보자가 하나연구소에서 아무런 역할도 하지 않은 경우다.
   즉 정 총리후보자가 하나연구소에 '비상근 고문'이란 이름만 올려놓고 아무 일도 하지 않았을 경우로, 이는 심각한 도덕적·법적 문제가 있을 수 있다. 합법을 가장한 불법 의혹이 있기 때문이다.

2. 하나연구소의 경영 또는 운영에 깊이 관여한 경우다.
   즉, '비상근 고문'이란 직책명과 관계없이 정 총리후보자가 하나연구소의 경영·커리큘럼·강사진 등 제반 업무의 결정 과정에 절대적 영향을 미치는 경우다. 이 경우는 명백히 국가공무원법 위반이다.

3. 정 총리후보자가 연구소에서 '강연'이나 '글 게재'와 같은 일만 했을 경우다. 이 경우는 '직책'과 관계없이 정 총리후보자가 자신의 지식과 경험이라는 무형의 용역을 하나연구소에 제공한 것이기 때문에 용역 대가를 받는 것은 정당하다.

이상 세 가지 경우 중 정 총리후보자는 세 번째에 해당한다. 언론보도와 하나연구소에 따르면 정 총리후보자는 하나연구소 운영과 관련하여 책임있는 자리에 있지 않았다. 그리고 그에 걸맞은 역할도 하지 않았고, 이름만 빌려주고 거액의 돈을 받은 것도 아니다.

정 총리후보자가 하나연구소에서 한 일은 '비상근 고문 직함이 부여된 외부 초빙강사', '비상근 고문 직함이 부여된 외부 기고가'였을 뿐이다. 따라서 국가공무원법 64조 위반이라는 이강래 의원의 주장은 타당하지도 않고, 인정할 수도 없는 것이다.

두 번째로 '직책'과 '원고료', 그리고 '강연료'와 관계없이 하나연구소에서 수익을 얻은 것 자체, 즉 '돈을 받은 행위가 영리행위'이기 때문에 위법이라는 지적이 있을 수 있다.

그러나 이러한 주장을 하는 사람이 있다면, 그 사람은 지식노동자의 권리를 침해할 수도 있는 생각을 가진 사람이다. 그 이유는 '국립대 교수뿐 아니라 교육공무원법 적용을 받는 사람은 현 직장에서 봉급을 받는 것 외의 수단, 즉 강연·원고·예술창작 등을 통해 수익을 올리는 행위 일체를 하지 말아야 한다'는 결론으로 이어지기 때문이다.

정 총리후보자는 하나연구소가 개설한 교육 프로그램에 '강사'로 참가했다. 멀리 중국까지 가서 강의를 했으며, 수시로 하나연구소에서 발간한 책자에 연구논문을 게재했다. 따라서 정 총리후보자가 이에 대한 대가를 받는 것은 당연하다.

세 번째로 원고료·강연료를 부정기적으로 받는 것과 달리 정기적으로 대가를 받아 '계속성'이 있기 때문에 위법 영리행위라는 주장 역시 있을 수 있는데, 이 주장 역시 타당하지 않다.

앞에서 지적했듯이 정 총리후보자가 자신의 지식과 노동력을 수시로 제공한 것은 사실이다. 강사로 중국까지 갔고, 연구소 발간 잡지에 글도 게재했다. 그렇다면 그에 대한 대가를 받는 것은 당연하다.

그러나 그 대가를 언제, 어떻게 주는가는 하나연구소의 행정 시스템에 달려 있는 문제다. 그런데도 정기적으로 날짜를 맞춰서 주고받았기 때문에 국가공무원법의 영리행위 금지조항 위반이라고 주장하는 것은 어불성설이다.

네 번째로 국가공무원복무규정 26조를 들어 위법이라는 주장을 제기하는 사람도 있을 것이다. 국가공무원복무규정 26조 1항은 "공무원이 제25조의 영리 업무에 해당되지 아니하는 다른 직무를 겸직하고자 할 때에는 소속 기관의 장의 사전허가를 받아야 한다"고 규정하고 있다. 이에 따라 영리행위는 하지 않았지만 다른 직무를 겸직했기 때문에 소속 기관장의 사전허가를 얻어야 했는데 그렇지 않았으므로 위법이라고 주장하는 것이다. 그러나 이러한 주장 역시 타당하지 않다.

기본적으로 정 총리후보자는 '직책'과 관련하여 김승휴 회장과 그 어떤 논의도 하지 않았기 때문에 "소속 기관장 허가를 맡지 않았으므로 위법"이라는 주장 자체를 인정하지 않는다. 설령 '비상근 고문' 직책을 맡고 있었다고 하더라도 위법 주장은 타당하지 않다.

그 이유는 교수들이 외부기관과 단체에서 강연을 하고 연구 성과를 발표할 때 소속 기관장의 허가를 받고 하지는 않기 때문이다. 교수들이 허가를 받는 경우는 '법적 책임'이 있는 일을 외부기관에서 했을 경우다. 예를 들어 다른 대학에 하루 특강 가는 것은 소속 기관장의 허가를 받을 필요가 없다. 그러나 강의뿐 아니라 수강생을 평가하는 행정 책임까지 있는 타대학 한 학기 강의를 맡으려면 소속 기관장의 허가를 반드시 받아야 한다.

따라서 대학교수가 소속 대학에서 봉급을 받는 것 외에 외부 강연이나 기고를 통해 수익을 얻는 것을 '불법'이라고 규정하지 않는 한, '교수'로서의 역할에 영향을 주지 않으면서 하나연구소가 개설한 강좌에서 강의하고, 잡지에 연구논문을 발표한 정 총리후보자에게 국가공무원복무규정 26조를 적용하는 것은 타당치 않다.

이상의 논의를 통해 정 총리후보자와 하나연구소 간의 관계를 '위법'으로 규정하는 것은 법적으로, 또 상식적으로 전혀 타당하지 않음을 알 수 있다. 그럼에도 불구하고 정 총리후보자에게 위법 운운하면서 '비리

백화점'이라는 모욕을 안겨주는 것은 다분히 '정략'이 내포된 공격이며, 언론의 편향적 시각이라고 하지 않을 수 없다.

사족으로 정 총리후보자가 하나연구소의 연례보고서에 등장한 배경을 추측해 보기로 하자. 정 총리후보자는 김승휴 하나금융그룹 회장과 직책과 대가를 논의한 적이 없다고 했다. 그럼에도 하나연구소 보고서에는 '고문'으로 되어 있다. 이러한 일이 어떻게 생겼을까?

정 총리후보자가 하나연구소의 '비상근 고문'으로 소개된 이유는 정 총리후보자에 대한 하나연구소 실무자의 '예우' 차원이었을 것이다. 즉, '전 서울대 총장, 경제학계에서 인정받고 있는 중진 학자'를 초빙하여 강의를 부탁하면서 정 총리후보자를 중국 수강생에게 '강사', '외부 초빙교수'라고 하여 기존의 젊은 강사와 한묶음으로 대우하기보다 하나연구소의 역량을 외부에 홍보하고, 정 총리후보자를 예우하는 의미가 있는 '비상근 고문'이란 직책으로 호칭했을 것으로 추측된다.

전제가 잘못된 '위증' 주장

다음은 '위증' 문제다. 정 총리후보자가 민주당과 언론으로부터 '위증' 혐의를 받는 것은 앞에서 제시한 다음과 같은 발언 때문이다.

최재성 위원
영리기업에는 공식적으로 등록돼서 보수를 안 받더라도, 자문료를 안 받더라도 자문이나 고문 역할을 하거나 혹은 형식적으로라도 그런 제의를 받거나 하신 적은 한 번도 없습니까?

국무총리 후보자 정운찬
저는 그런 관계는 없습니다.

앞서 말했듯이 정 총리후보자는 YES24 고문직과 달리 하나금융그룹 김승유 회장과 직책과 관련된 논의를 한 적도 없고, 그러한 호칭으로 불린 적도 없기 때문에 하나연구소의 '비상근 고문' 겸임과 관련된 위증 지적을 인정하지 않는다.

그러나 연구소의 보고서에 '비상근 고문'으로 기재되어 대외적으로 '고문'으로 알려졌다고 하니 제3자 입장에서 정 총리후보자가 '고문'직을 맡고 있었다고 인정하자. 그럼에도 민주당의 '위증' 주장과 일부 언론의 "정 총리후보자가 거짓말하고 있다"는 주장에 동의하기는 어렵다.

그 이유는 앞에서 기술한 정 총리후보자와 최 의원 간의 대화 때문이다. 위에 제시된 질의응답에서 최 의원은 '영리기업'으로 못을 박고 있고, 정 총리후보자는 "그런 관계는 없다"고 답하고 있다. 즉 최 의원이 제시한 대상은 '연구소'를 포함하는 '외부기관'이 아닌 '영리기업'이었던 것이다.

앞에서도 설명했지만 정 총리후보자는 '영리기업'에서 고문을 한 것이 아니라 '하나연구소'와 관계를 맺고 강연·원고 게재와 같이 학문 연구와 관련된 영역에서만 활동했을 뿐, '하나금융그룹'과 관련된 일은 전혀 하지 않았다. 따라서 '위증' 주장은 타당하지 않다.

그리고 혹시 위와 같은 반론에 '하나연구소'는 '하나금융그룹'이라는 영리기업에 속해 있기 때문에 연구소도 '영리기업'으로 보아야 한다고 주장한다면 이러한 주장은 논의할 가치가 없다. '영리기업'의 사전적 의미는 "재산상의 이익을 위하여 활동하는 기업"으로 연구소는 이와 관계가 없기 때문이다.

지금까지 살펴보았듯이 하나연구소와 관련하여 정 총리후보자는 국가공무원법을 위반하지도 않았고, 청문회에서 위증도 하지 않았다. 그럼에도 일부 언론은 관련 기사의 제목과 사설 제목을 다음과 같이 뽑았다. '정 총리후보자 흠집내기 전략'이 성공했음을 보여주는 증거다.

정운찬 총리 거짓말이라면 물러나야

09.10.08 11:19 | 최종 업데이트 09.10.08 11:19 　　　　　　　　김동수 (kimds6671)

TAG 정운찬, 거짓말 **태그등록**

청문회 과정에서 도덕성 문제로 거센 비판을 받았던 정운찬 국무총리가 또 도덕성 논란에 휩싸였다. 도덕성 논란 핵심은 정 총리가 서울대 교수 시절 하나금융경영연구소의 비상근 고문을 맡아 1억원 가까운 연봉을 받았다는 의혹이다.

－〈오마이뉴스〉, 10.9

> ## [사설] 정운찬 총리, 거짓말이 문제다

-⟨한겨레⟩, 10.7

지식인의 지식 용역 대가의 합법·위법 기준은 '봉급'

마지막으로 하나연구소와 관련하여 '보수 금액' 문제를 살펴보자. 최 의원은 정 총리후보자와 관련된 의혹을 제기할 때마다 "겸직을 맡음으로써 얻은 수익을 밝히라"고 요구하고 있다. 그러면서 해당 회사와 연관하여 커다란 수익을 얻은 사람의 사례를 거론하면서 정 총리후보자도 비슷할 것이라는 부도덕한 이미지를 국민들에게 각인시켰다.

하나연구소 건에 대해서 언론과 최 의원은 이렇게 말했다.

"정운찬, 하나금융에서도 고문료 1억 받아"   −언론사 제목

"연봉보다 더 많은 2억 원 가까운 돈을 받은 것은 의도적인 영리 행위, 공무원의 청렴 의무와 국가공무원법이 정한 겸직 금지 의무를 위반한 것"   −최재성 의원

그러나 언론의 이런 보도와 최 의원의 주장은 국민정서를 자극하여 정 총리후보자의 도덕성을 흠집내기 위한 음해성 주장에 불과하다. 그 이유는 언론과 최 의원이 '지식'의 가격을 자의적으로 결정하고 있기 때문이다.

최 의원 주장에는 두 가지 문제점이 있다. 하나는 정 총리후보자가 하나연구소로부터 '봉급보다 많은 수익'을 얻은 것은 불법적인 영리행위라고 규정한다는 것이고, 다른 하나는 지식 용역 대가의 적법과 위법의 기준을 '봉급'으로 설정하고 있다는 점이다.

첫 번째 주장과 관련하여 문제가 되는 것은 '지식'을 재료로 하여 제공하는 용역의 가치가 봉급을 초과하면 '위법'이라는 최 의원의 전제다.

그러나 본업에 지장을 주지 않으면서도 얼마든지 부수입을 얻는 경우가 많다. 간단한 예를 들어 보자. 서점에 가면 현직 교사들이 자신들의 현장 경험과 지식을 활자화한 책들이 많음을 알 수 있다. 이 책들 중에는 베스트셀러가 되어 봉급 이상의 수익을 올리는 저자도 있다.

따라서 봉급보다 많다는 이유로 의도적인 영리행위라고 주장하는 것은 타당하지 않다. 더욱이 지식정보화 시대에 살고 있는 오늘날 단순히 '봉급'을 기준으로 삼는 것은 아날로그 시대의 사고로 전혀 타당하지 않다.

최소한 정 총리후보자가 많은 돈을 받았다고 주장하려면 정 총리후보자가 제공하는 '유·무형의 용역' 가격이 어느 정도 되어야 하는지 밝혀야 한다. '한국의 대표적 케인즈언 경제학자로, 한국인이 인정하는 대학인 서울대에서 30여 년간 경제학 강의를 해왔고, 국립서울대 총장직을 역임한 정 총리후보자'로부터 '경영자문을 받은 대가' (YES24)와 '글과 강의를 위해 초청하는 비용'이 어느 정도가 타당한지를 밝혀야 한다.

최 의원의 발언과 관련된 두 번째 문제점은 시장에서 결정되어야 할 용역 가치(시장가격)를 최 의원이 결정하고 있다는 것이다.

일반적으로 자문 활동이나 강연료·원고료와 같은 지식이나 경험 같은 유·무형의 용역 제공 대가는 통상 용역의 수령자가 관례와 유사 사례를 고려하여 그 가치를 평가한 다음 소정의 대가를 지불한다.

똑같은 발언, 똑같은 행위를 하더라도 용역을 제공한 사람에 따라, 또 용역을 수령하는 사람과 기업에 따라 그 가치가 차이 난다. 예를 들어 클린턴 전 미국 대통령 초청 강연시 클린턴에게 지급해야 할 강연료와 한국 국회의원 초청 강연시 지급해야 할 강연료가 같지 않다. 또한 동일 강사에게 지급하는 금액도 초청자의 경제력에 따라 차이가 나게 마련이다.

정 총리후보자가 제공하는 용역에 대해 하나연구소는 1년에 1억 정도로 평가했고, YES24는 하나연구소의 반인 5천만 원 정도로 평가했다. 이 과정에서 하나연구소와 YES24가 정 총리후보자와 금액에 대해서 협의한 적이 있었을까? 없었다. 양측은 내부적으로 각기 다른 평가 기준을 갖고서 정 총리후보자에게 자문의 대가와 강연료·원고료를 지불한 것이다.

누구나 알고 있듯이 자본주의 사회에서 상품의 가격 결정은 '시장'에서 결정된다. 나에게 귀중한 것이라도 다른 사람에게는 쓸모없을 수 있고, 타인에게는 귀중해도 나에게는 필요없을 수 있다.

따라서 타당성 있는 기준 제시 없이 '정 총리후보자의 지식 용역'의 대가가 '많다'고 평가하거나 봉급보다 많아서 영리행위라고 비난하는 것은 전혀 타당하지 않다. '금액'을 가지고 정 총리후보자를 공격하려면 정 총리후보자 정도의 경력을 가진 사람이 받아야 할 적정 금액을 먼저 제시하고 기준으로 삼아야 할 것이다.

물론 정 총리후보자가 여기저기에 이름을 걸쳐 놓고 상습적으로 돈을 받았다면 문제가 있을 것이다. 그러나 정 총리후보자의 경력에서 확인할 수 있듯이 정 총리후보자가 간여한 곳은 모두 '학문 연구'와 관련된 곳이다. 비록 국회의원들은 YES24를 정 총리후보자가 생각하듯 '서점'으로 인정해 주지 않았지만, YES24는 '대한민국 대표 인터넷 서점'으로 가장 큰 규모를 자랑하고 있기 때문에 정 총리후보자의 진정성을 간접적으로 확인할 수 있다.

어쨌든 '금액' 문제로 정 총리후보자를 공박하려면 정 총리후보자의 지식 용역 대가의 적정선을 먼저 밝히고 비난하는 것이 공당과 선량(選良)으로서 바람직한 자세가 아닐까.

그러나 정 총리후보자를 부정적으로 평가하고 비난하는 의원과 언론 중 기준을 제시한 사람과 언론은 없었다. 다음 기사에서 확인할 수 있듯이 그러한 기준 없이 마치 정 총리후보자가 '부도덕하게 많은 돈'을 받은 것처럼 비난했을 뿐이다. 특히 정 총리후보자가 하나연구소에서 받은 대가가 '연봉'이 아님에도 '연봉'을 제목으로 뽑은 것은 다분히 의도적이라고 생각된다.

-〈민중의 소리〉, 10.7

2007년부터 2009년 6월까지 약 2년간 정 총리후보자는 일본의 정보 · 기술(IT) 분야 대기업인 CSK그룹 산하 연구소인 CSK-IS의 고문을 지냈다고 밝혔다. 그와 관련해서 정 총리후보자는 청문회에서 일본연구소 명칭은 밝히지 않았지만 연구소에서 연구 비용을 받았다고 밝힌 바 있다.

따라서 CSK-IS 이사 겸직과 관련하여 '위증'이라고 주장할 수는 없다. 또한 '영리기업'이 아닌 일본의 한 '연구소' 고문으로 위촉된 것으로, 이는 하나연구소 고문 논란과 동일한 성격을 갖는다.

예금보험공사와 포스코 청암재단 건

민주당 최재성 의원은 청문회가 끝난 뒤에도 계속 정 총리에 대한 '청문회'를 진행했다. 10월 8일 포스코 청암재단 이사직 허가 여부와 관련하여 보도자료를 낸 데 이어, 10월 9일에는 아래와 같은 보도자료를 준비하고 국회에서 기자간담회를 열었다. 그러고는 정 총리가 청문회에서 거짓말을 했다고 주장하면서 '거짓말 제조기'라고 공격했다.

정 총리 거짓말 제조에 국민들은 인내의 한계를 느끼고 있다!

사직했다던 포스코 청암재단, 10월 9일 현재 이사직 보유!
2000년 전후한 예금보험공사 자문위원 활동도 해명해야!
삼성화재 방재연구소와 연구협약 사실, 왜 거짓증언했는지 밝혀야!

－최재성 의원 보도자료 중에서

10월 8일과 9일의 보도자료를 통해 최 의원이 정 총리가 거짓말했다고 주장한 내용은 다음과 같다.

첫째, 포스코 청암재단 이사직을 겸직하면서 허가를 받지 않았음에도 받았다고 했고, 사임했다고 청문회에서 발언했으나 10월 9일 현재까지 이사직을 보유하고 있다.

둘째, 예스24 이외 고문이나 자문 활동을 한 적이 없다고 주장했으나 예금보험공사 자문위원으로 활동했다.

셋째, 삼성방재연구소와 연구 제휴 협약을 맺은 사실이 없다고 말했지만 연구 제휴 협약을 맺었다. 따라서 정 총리는 거짓말을 했고, 위증을 한 것이다.

이러한 주장과 더불어 최 의원은 정 총리가 "비슷한 시기 성곡재단(2004), 수암재단(2005)은 허가를 받았는데, 포스코 청암재단만 허가를 받지 않은 것은 의도적이라며 그 이유를 설명"할 것을 요구하면서 정 총리가 "유독 대기업이나 영리기업에 해당하는 내용에 대해 시종일관 감추고, 거짓 해명하고 있다"고 주장했다.

이에 대해 정 총리는 다음과 같이 해명한다.

첫째, 포스코 청암재단 이사직 허가 여부에 관해서는 '수암'을 '청암'으로 착각하여 허가를 받았다고 발언한 것으로 실수이며, 청암재단 이사직은 본인의 부주의로 허가를 받지 않았다. 9월 초 구두로 사의를 표명하고 그후 총리실 실무자가 청암재단 사직서를 당연히 제출한 것으로 알았으나, 누락된 것을 확인하고 추후 사직서를 제출하여 청암측이 등기부를 처리했다.

둘째, 예금보험공사 건은 최 의원이 "영리기업의 고문 및 자문 역임 여부"를 묻는 것으로 이해하고 "그런 관계는 없다"고 답변한 것이다. 예 보는 예금자보호법에 따라 설립된 공공기관으로서 질의 취지가 공공기 관까지 포함된 것이었다면 굳이 관련 경력을 밝히지 않을 하등의 이유 가 없다. 정 총리는 4년간 예보 자문 활동을 하면서 9차례 회의에 참석해 총 360만 원을 받았다.

셋째, 삼성화재 방재연구소와의 업무제휴 협정은 '개인 자격으로 체 결한 적 없느냐'는 것으로 이해하여 그렇게 답변한 것이라고 해명했다.

기본적으로 최 의원의 '위증 주장'에 대한 정 총리의 답변에 이해가 가지 않는 부분은 없다. 정 총리의 해명처럼 '실수'로 충분히 이해할 수 있고, 받아들여질 수 있는 내용이다. 그러나 민주당과 일부 언론은 정 총 리를 '거짓말 제조기', '양파'라고 공격했다.

따라서 이상의 최 의원 주장과 정 총리 답변을 중심으로 정 총리가 과연 '거짓말 제조기', '양파'로 모욕당해야 좋을 정도로 청문회에서 거짓말했는가를 주제별로 살펴보기로 하자. 이를 위해 먼저 최 의원이 정 총리가 의도적으로 거짓말하여 위증을 했다고 보는 시각이 타당한 지부터 검토해 보자.

'위증'을 인터넷에서 검색하면 "거짓으로 증명함. 또는 그런 증거"라 는 설명이 나온다. 더불어 "법률에 따라 선서한 증인이 허위 증언을 하는 일"이라고 설명되어 있다. 즉 위증이란 '어떤 결과에 영향을 주기 위한 목적을 갖고, 밝힐 수 없는 뭔가를 숨기거나 왜곡시키는 행위'라 할 것이다. 그러므로 '위증'이란 행위는 법적 영역에서 매우 중요한 의미를 갖는다. 어떤 행위에 대해 판단(또는 결정)을 내릴 때, '숨기거나 왜곡된 자료(또는 진술 등)'에 의해 최종 결론과 판단이 다른 방향(왜곡, 반대 방향 등)으로 유도되기 때문이다.

따라서 민주당 주장처럼 정 총리의 청문회 발언이 '실수'가 아닌 의도성을 가진 거짓말로 '위증'이 되려면 정 총리에게 '숨겨야 할 무엇'이 있어야 한다. 즉, 밝혀지면 총리직을 자진사퇴할 정도로 타격이 큰 위법 행위나 부도덕한 일이 있어야 한다. 그리고 제3자가 쉽게 숨겨진 일을 찾을 수 없어야 한다. 관계자가 아니라면 쉽게 찾을 수 없어야 한다. 공개된 사항은 비밀이 아니기 때문이다.

그러나 다음에서 확인할 수 있듯이 정 총리가 예금보험공사 경력과 청암 관련 사항을 숨겨야 할 이유가 전혀 없을뿐더러 이미 공개되어 있기 때문에 숨겨야 할 이유는 더더욱 없다. 즉 '위증'을 해야 할 이유가 없는 것이다.

인터넷에 공개된 '예금보험공사 자문위원'과 '포스코 청암재단 이사' 경력
먼저 예금보험공사와의 관계를 보자. 정 총리가 예금보험공사에서 자문위원을 하고 있음은 이미 공개된 일로 누구나 쉽게 확인할 수 있다. 다음은 서울대에서 일반인과 학생들을 대상으로 하는 '관악초청강좌' 화면이다. 강좌 24회 강사로 정 총리가 소개되어 있다.

그리고 24회 강사인 정 총리를 아래와 같이 소개하고 있다.

◎ 제24회 관악초청강좌 ◎

- 연 사 : 정운찬 (서울대학교 경제학부 교수, 전 서울대학교 총장)
- 제 목 : 한국 경제의 과거 · 현재 · 미래
- 일 시 : 2006년 11월 9일 (목요일), 오후 4시
- 장 소 : 83동(멀티미디어 강의동) 305호

〈약력〉

1970년　서울대학교 경제학 학사

1972년　마이애미대학교 대학원 경제학 석사

1976년　프린스턴대학교 대학원 경제학 박사

1970.2 ~ 1971.8　한국은행 행원

1976.7 ~ 1978.12　미국 컬럼비아대학교 조교수

1978.12 ~ 2002.7　서울대학교 사회과학대학 경제학과 교수

1983.7 ~ 1983.8　미국 하와이대학교 초빙 부교수

1986.9 ~ 1987.8   영국 런던정경대학 경제학과 객원 부교수
1993.8 ~ 1995.2   서울대학교 사회과학대학 교무학장보
1996 ~ 1997   서울대학교 경제학부 학부장
1996 ~   수암장학문화재단 이사
1998 ~ 1999   한국금융학회 회장
1998 ~ 2002   한국금융연구원 자문위원
1999 ~   독일 보쿰대학교 초빙교수
1999 ~   예금보험공사 자문위원
2000 ~ 2001   재정경제부 금융발전심의회 위원장
2002 ~   보건복지부 국민연금발전위원회 위원장
2002.2 ~ 2002.6   서울대학교 사회과학대학 학장
2002.7 ~ 2006.7   제23대 서울대학교 총장
2005 ~   포스코 청암재단 이사
2006.7 ~   서울대학교 경제학부 교수

이처럼 정 총리후보자의 예금보험공사 자문위원 경력은 공개적으로 알려져 있었다. 예금보험공사 자문위원을 하면서 상식을 벗어난 금전적 이익을 얻은 적도 없기 때문에 숨겨야 할 이유도 없었다. 따라서 의도적으로 숨겼다고 의심하는 최 의원 주장은 타당하지 않다. 정 총리후보자의 해명처럼 "영리기업의 고문 및 자문 역임 여부를 묻는 것으로 이해하고 '그런 관계는 없다'"고 한 답변이 타당치 않은가.

정 총리를 흠집내기 위한 최재성 의원의 보도자료
다음은 '포스코 청암재단 이사직'을 검토해 보자.

최 의원은 정 총리후보자에게 포스코 청암재단과 관련하여 "유독 대기업이나 영리기업에 해당하는 내용에 대해 시종일관 감추고, 거짓 해명하고 있다"고 지적했다. 최 의원 발언이 사실일까? 청암과 YES24가 '대기업', '영리기업'이기 때문에 감추고 거짓 해명한 것일까? 최 의원 발언은 전혀 사실이 아니다. 정 총리후보자가 이사를 지낸 '성곡학술재단'은 '쌍용'의 창업주인 고 김성곤 회장이 설립한 것이고, '수암장학문화재단'은 '대림'이 설립했기 때문이다.

그리고 청암재단이 포스코와의 연관성을 숨기려 했다는 의혹도 사실이 아니다. 앞에서 제시한 관악초청강좌의 정운찬 강사 소개란에 '포스코 청암재단 이사' 경력을 인터넷에 공개적으로 소개하고 있기 때문이다.

청문회 이후 국민들에게 정 총리가 도덕적으로 문제가 있다는 부정적 이미지를 투영시킨 것은 '겸직' 문제였다. 청문회에서 가장 논란이 된 YES24 고문 겸직 건의 '영리행위'와 연결되고, 국민들의 정서를 가장 민감하게 자극할 '봉급 외 수익'과 직결되기 때문이다.

그 결과 '겸직' 문제는 정 총리의 이미지를 결정적으로 나쁘게 하고 흠집내어 '거짓말 제조기', '양파 총리'로 만들었다. 여기에는 최 의원의 10월 9일 기자간담회와 보도자료가 결정적인 역할을 했다. 기자간담회에서 최 의원은 정 총리를 '거짓말 제조기'로 호칭하였고, 언론은 이를 그대로 받아 확산시켰기 때문이다.

그러나 최 의원은 정 총리를 도덕적으로 흠집내기 위해서 10월 9일 국민을 기만했다. 다음은 10월 9일 발표한 최 의원의 보도자료 내용이다.

보도자료 중 포스코 청암재단(A)과 관련한 부분이다.

□ "모두 사직했다"는 말도 착각인가, 실수인가, 실무자의 잘못인가?
　청암재단 법인등기부등본상 현재 이사로 등재!

–인사 청문회 정운찬 내정자 발언(3차회의 회의록 75쪽)

정운찬 후보자 : 글쎄 정의하기 나름이지만 지금 우선 저는 지금까지 가지고 있던 자리를 전부 사직을 했습니다만, 여기 총리 지명……

다음은 삼성화재 부설 방재연구소(B)와 관련된 부분이다.

□ 삼성화재 부설 방재연구소 관련 거짓 발언 해명해야!

–인사 청문회 정운찬 내정자 발언(3차회의 회의록 75쪽)

최재성 위원 : 질문하겠습니다. 2005년 3월 14일 삼성화재 부설 삼성방재연구소하고 연구 제휴 협약 맺으신 적 있지요? 기억 안 나십니까?
정운찬 후보자 : 다시 말씀해 주시겠습니까?
최재성 위원 : 삼성화재 부설 방재연구소하고 연구 제휴 협약.
정운찬 후보자 : 그런 일이 없습니다.
최재성 위원 : 그런 일 없습니까?
정운찬 후보자 : 예.

다음은 예금보험공사(C)와 관련된 보도자료 일부분이다.

□ **예금보험공사 자문위원 활동도 해명해야!**

▷ 정 총리는 청문회에서 '예스24' 외에는 고문이나 자문 활동을 한 적이 없다고 주장.

▷ 본 의원 확인 결과, 1999년부터 2002년까지 예금보험공사 자문위원으로 위촉되어 활동한 바 있음.

▷ 왜 거짓증언을 했는지와 겸직 관련 사항, 자문료 등의 수입 내역에 대한 해명 필요.

위에서 제시한 세 가지 내용을 자세히 살펴보면, 언론과 국민을 상대로 한 최 의원의 치밀한 계산을 엿볼 수 있다.

최 의원은 청암재단(A)과 삼성화재 부설 방재연구소(B) 건에서 확인할 수 있듯이 정 총리가 거짓말했다는 것을 증명하기 위해 정 총리의 청문회 속기록을 인용하고 있다. 그러나 예금보험공사(C) 건에서는 정 총리의 청문회 속기록을 인용하고 있지 않다. 최 의원의 주장이 정략적이었음을 알 수 있는 증거다.

최 의원은 예금보험공사 관련 보도자료(C)에서 확인할 수 있듯이 예금보험공사 겸직과 관련하여 다음과 같이 말하고 있다.

"정 총리는 청문회에서 '예스24' 외에는 고문이나 자문 활동을 한 적이 없다고 주장" 했는데, "본 의원 확인 결과, 1999년부터 2002년까지 예금보험공사 자문위원으로 위촉되어 활동한 바 있음." 따라서 "왜 거짓 증언을 했는지와 겸직 관련 사항, 자문료 등의 수입 내역에 대한 해명(이) 필요."

그러나 최 의원의 보도자료는 앞뒤 중요한 발언을 삭제하고 만든 왜곡된 자료다. 정 총리가 거짓말을 하고 있는 것이 아니라 최 의원이 정 총리를 흠집내기 위해 무리한 주장을 하고 있는 것이다.

다음은 예금보험공사뿐 아니라 정 총리후보자의 모든 '겸직'과 관련된 청문회 속기록이다.

최재성 위원

영리기업에 공식적으로 등록돼서 보수를 안 받더라도, 자문료를 안 받더라도 자문이나 고문 역할을 하거나 혹은 형식적으로라도 그런 제의를 받거나 하신 적은 한 번도 없습니까?

국무총리 후보자 정운찬

저는 그런 관계는 없습니다.

최 의원의 보도자료와 속기록을 비교해 보자. 속기록에서 최 의원은 정 총리후보자에게 "영리기업에서…… 자문이나 고문 역할을 하거나 혹은 제의를 받거나 하신 적은 한 번도 없습니까"라고 묻고 있고, 정 총리는 "그런 관계는 없습니다"라고 답하고 있다. 즉 '영리기업'을 분명하게 특정하고 묻고 있다.

그런데 최 의원 보도자료에는 "정 총리가 청문회에서 '예스24' 외에는 고문이나 자문 활동을 한 적이 없다고 주장했다"고 되어 있다. 이는 사실이 아니다. 속기록 어디에도 정 총리가 YES24 외에 고문이나 자문 활동을 한 적이 없다고 답한 적이 없기 때문이다.

정 총리에게 비판적인 언론들은 최 의원의 주장에 문제가 있음을 알면서도 '국회의원이 공식적으로 배포한 보도자료'를 인용해 정 총리를 부정적으로 평가하는 데 이용했다. 그 과정에서 언론인들은 어떤 가책을 느낄 필요가 없었다. 최 의원의 보도자료에 나오는 단어와 자료를 사용했기 때문이다.

앞에서 제시한 '예금보험공사 겸직'과 관련한 일부 언론의 기사다.

> ## '정운찬의 도덕성'… 민주 "예보공사도 자문"
> 최우규·이고은기자
>
> · 편법·거짓말…줄잇는 의혹"해임권고 결의 안도 검토"

—〈경향신문〉, 10.9

정운찬 총리 또 거짓말 논란

민주, 예보 자문위원 의혹 제기… 해임 결의안 추진

김백기기자 bkikim@munhwa.com | 기사 게재 일자 : 2009-10-09 13:39

－〈문화일보〉, 10.9

국민을 속인 삼성화재 부설 방재연구소 협약

최 의원이 정 총리를 의도적으로 흠집낸 또 하나의 사례가 '삼성화재 부설 방재연구소 협약' 건이다. 최 의원이 '연구협약'에 대해 관심을 갖고 질의한 이유는 추측하건대 교수들이 기업과 프로젝트 연구 계약을 체결하여 수익을 올리는 사례가 많아 정 총리도 그랬을 수 있다고 생각했기 때문일 것이다.

다음은 교수들이 국가기관이나 기업체와 연구용역을 맺고 연구활동을 한 것을 보여주는 캡처 자료다.

2. 국토문제연구소 용역 연구보고서 목록(13권)

1) 유근배, 표준지도 생성기법 연구, 국방과학연, 1998.12., 연구최종보고서

2) 박기호, 대기환경과 관련된 환경성질환 감시체계에서의 GIS 활용에 관한 연구, 환경부, 1997.10, 연구최종보고서

3) 유근배, 집배업무량 분석모델링 구현 및 업무분석시스템 연구, 거림시스템, 1997.11., 연구최종보고서

4) 박기호, 질병감시체계구축을 위한 인터넷과 GIS 기반기술개발, 보건복지부, 1999.4., 연구최종보고서

5) 박기호, GIS용 User Interface 기술개발, 과학기술부, 1999.11., 연구최종보고서

6) 박삼옥, 창원시 자생력 확보를 위한 지역경제정책평가 및 실행시책수립연구, 창원시, 1999.1., 연구최종보고서

7) 박기호, 감염병분포의 수치지도 제작 및 서비스 시스템연구, (주)포스데이타, 1999.6., 연구최종보고서

8) 박삼옥, 부평구 경제발전 5개년 계획연구, 부평구, 1999.1., 연구최종보고서

9) 박삼옥, 포항시 경제발전 전략산업선정 및 실행시책수립 용역, 포항시, 2000.1., 연구최종보고서

10) 박삼옥, 부천시 산업구조조정을 위한 전략산업 발굴 및 실행시책 연구, 부천시, 2000.3., 연구최종보고서

11) 유근배, 다축척 수치지도 제작 소프트웨어 개발연구, ?(주)중앙항업, 2001.6., 연구중간보고서

서울대학교 사회과학대 국토문제연구소의 연구용역 실적 화면 캡처
－인터넷 주소 : http://social.snu.ac.kr/institute/land/index.jsp

이러한 산학협연은 대학과 기업에 서로 도움이 되기 때문에 정부가 장려하여 대학교수들은 '산학협연'의 형태로 국가기관 또는 기업체와 연구용역을 맺고 연구활동을 하는 사례가 많다. 물론 연구 용역비를 받는다. 그래서 최 의원은 청문회에서 정 총리에게 삼성화재 부설 방재연구소와의 연구협약을 질문했을 것이고, 정 총리는 '교수 정운찬'은 삼성과 '연구협약'을 맺은 사실이 없다고 답한 것이다.

한양대 공학 기술 연구소의 연구수행업적

NO	연구책임자	연구명	위탁기관	계약기간
1	장명순	국가종합교통시스템 평가모험에 관한 연구	코오롱건설	1991. 12. 1-
2	신동혁	ECAP 강가공에 의한 결정립 미세화	포항종합제	2000. 2. 1-2
3	신현철	HW/SW분할 최적화 H/W cost 추정 툴 개발	한국전자통	2002. 2. 1-2
4	이기형	경승용차용 5밸브 엔진의 연소실 형상설계 기술 개발	에너지관리	1999. 6. 1-2
5	한창수	범용 골절 정복 시스템의 개발	디케이엠	1999. 7. 1-2
6	서선덕	동해남부선 복선전철화사업의 수요측정 및 편익추정	한국개발연	2000. 2. 16-
7	이태식	공정 라우팅 모델 개발에 관한 연구	미래건설연	1999. 4. 1-2
8	이정훈	지능형 인터넷 정보검색 시스템 개발	(주)아론통	2000. 2. 25-

한양대학교 공학기술연구소 연구용역 실적 화면 캡처
–인터넷 주소 : http://riet.mireene.co.kr/results/result03_95.html

정 총리가 '서울대 총장 정운찬'이 아닌 '교수 정운찬' 자격으로 삼성화재와 '연구 제휴 협약'을 맺은 사실이 있느냐로 질의했다고 추측한 이유는 최 의원의 다음과 같은 발언에서 확인할 수 있다.

최 의원은 9일 기자간담회에서 "정 총리가 예스24 자문, 포스코 청암 재단 고문 재직 외에도 예금보호공사 자문위원, 삼성화재 부설 삼성방재연구소 연구 제휴 협약 등으로 별도 수입을 얻었을 것"이라고 추측하면서 "왜 거짓말을 했는지 알기 위해 활동 내역과 수입 내역에 대한 해명이 필요하다"고 말했다. 즉, 정 총리에게 삼성과의 연구 제휴 협약으로 얻은 수익을 밝히라고 요구했던 것이다.

그런데 최 의원은 본인이 제시한 아래와 같은 근거 자료에서 "연구협약을 맺은 사실이 없다"는 정 총리의 발언이 틀리지 않았음을 확인할 수 있었음에도, 정 총리가 거짓말을 하고 있다고 공격했다.

다음 사진은 최 의원의 보도자료에 실린 서울대와 삼성화재 부설 방재연구소 간 산학협약에 관한 사진이다.

 정운찬 시시비비

위 기사의 제목에서도 확인할 수 있듯이 삼성화재 부설 방재연구소와 연구협약을 맺은 주체는 '서울대'이지 '정운찬'이 아니다. 정 총리는 '총장'으로서 서울대학교를 '대리'했을 뿐이다.

최 의원이 '서울대 총장 재임시 서울대가 삼성과 연구협약을 맺은 적이 있는가?'라고 구체적으로 질문했다면 정 총리는 '있다'고 답했을 것이다. 서울대가 삼성과 연구협약 맺은 것을 숨겨야 할 이유가 없기 때문이다.

그러나 최 의원은 정 총리에게 "삼성화재 부설 방재연구소와 연구협약을 맺은 사실이 있는가?"라고 질문했다. 따라서 정 총리는 '교수 정운찬'은 삼성화재 부설 방재연구소와 그 어떤 연구협약도 맺은 사실이 없기 때문에 "없다"고 답한 것이다.

만일 최 의원이 청문회장에서 '교수 정운찬'을 상정하지 않고, '서울대 총장 자격으로 삼성화재와 산학협약을 맺었는가?'라고 질문했다고 주장한다면 기자간담회에서 "삼성화재 부설 삼성방재연구소 연구 제휴 협약 등으로 별도 수입을 얻었을 것"이라는 발언을 해서는 안 된다. 최 의원이 '서울대 총장 정운찬'을 상정하고도 삼성방재연구소 연구 제휴 협약 등으로 별도의 수입을 얻었을 것으로 의심하는 것은 심각한 문제가 있다고 하지 않을 수 없다. 즉, 최 의원은 우리나라 모든 대학 총장들이 외부 기관과 대학교가 산학협연을 맺을 때 별도의 수입을 얻는 것으로 의심하고 있는 것이다.

　최 의원은 10월 9일 보도자료와 기자간담회로 정 총리에게 씻을 수 없는 부정적 이미지를 안겨 주었다. 최 의원은 기자간담회에서 포스코 청암재단, 예금보험공사, 삼성화재 협약 건을 거론하면서 "정 총리는 거짓말 제조기였고 속임수의 명수였다"며 "(재단이나 기업) 고문으로 수입을 챙기고 틈새시장을 공략한 것 같은데, 완전한 고문 기술자"라고 단정했다. 그리고 이러한 최 의원의 보도자료와 기자간담회를 받아 언론은 다음과 같이 보도하여 국민들에게 부정적 이미지를 확실히 각인시켰다.

- 〈오마이뉴스〉, 10.9

　만일 최 의원이 보도자료에서 '예금보험공사'는 영리기업이 아닌 공기업이므로 정 총리 발언이 거짓이 아니고 사실이기 때문에 제외하고, 삼성화재 건은 '교수 정운찬'이 아닌 '서울대 총장 정운찬' 자격으로 삼성화재와 협약을 체결했기 때문에 제외했다면, 언론은 최 의원의 보도자료를 분명 비중 있게 다루지 않았을 것이다. 그랬다면 포스코 청암재단 이사 건만으로는 정 총리를 '고문 기술자', '거짓말 제조기'라고 공격하기 어려웠을 것이다. 설령 최 의원이 그렇게 발언했더라도 언론이 이를 그대로 받아 기사화하지 않았을 것이다.

한국신용평가 사외이사 겸직 건

민주당 최재성 의원은 9일에 이어 12일에
는 정 총리가 1998년 한국신용평가정보와 무디스 합작법인으로 출발한
'한국신용평가'(이하 한신평)의 설립이사로 참여했음을 공개했다. 최 의
원의 보도자료를 받아 언론들은 다음과 같이 보도했다.

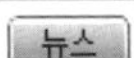

정치
뉴스
"정운찬, 영리기업 한신평 등기이사로도 재직"
최재성 "정운찬은 금전 이익 좇는 보따리장수"
기사입력 2009-10-12 오전 11:07:32

−〈프레시안〉, 10.12

"정운찬, 영리기업인 '한신평' 이사로도 재임"
최재성 "명백한 거짓말. 시세차익 의혹도 해명해야"

−〈뷰스앤뉴스〉, 10.12

그런데 앞의 12일자 기사와 최 의원이 9일 배포한 보도자료를 보도한 언론 기사를 비교하면 특이한 사실을 발견할 수 있다. 9일 기사에서는 전혀 나타나지 않았던 '영리기업'이란 단어를 언론이 특별히 강조하고 있다는 점이다.

이처럼 언론이 '영리기업'이란 단어를 강조한 것은 다음에서 확인할 수 있듯이 최 의원이 9일 보도자료에서는 청문회 속기록을 인용하지 않았지만 12일 보도자료에서는 청문회 속기록을 인용하고 있기 때문이다.

□ 예금보험공사 자문위원 활동도 해명해야!

▷ 정 총리는 청문회에서 '예스24' 외에는 고문이나 자문 활동을 한 적이 없다고 주장.
▷ 본 의원 확인 결과, 1999년부터 2002년까지 예금보험공사 자문위원으로 위촉되어 활동한 바 있음.
▷ 왜 거짓증언을 했는지와 겸직 관련 사항, 자문료 등의 수입 내역에 대한 해명 필요.

-10월 9일 보도자료

○ "영리기업에는 한 번도 고문이나 자문 제안 받은 적도 없다"더니……

청문회 속기록(9월 22일, 3차회의)
— **최재성 위원** : 영리기업에는 공식적으로 등록돼서 보수를 안 받더라도, 자문료를 안 받더라도 자문이나 고문 역할을 하거나 혹은 형식적으로라도 그런 제의를 받거나 하신 적은 한 번도 없습니까?
— **국무총리 후보자 정운찬** : 저는 그런 관계는 없습니다.

-10월 12일 보도자료

이 같은 최 의원의 9일자 보도자료와 12일자 보도자료를 비교하면, 9일자 보도자료가 정 총리를 의도적으로 흠집낼 목적으로 작문하고 창작했음을 알 수 있다. 즉, 청문회 속기록을 인용하면 정 총리에게 잘못이 없어 비난할 수 없기 때문에 9일자 보도자료에서는 의도적으로 청문회 속기록을 인용하지 않고, 대신 정 총리가 말하지도 않은 내용을 작문하고 창작하여 거짓말을 했다고 공격했다. 반면 12일자 보도자료에서 청문회 속기록을 인용한 것은 한신평이 '영리기업'이기 때문이다.

한신평을 둘러싼 정 총리와 최 의원의 주장 비교
그러면 한신평과 관련된 정 총리와 최 의원의 주장을 살펴보자. 다음은 최 의원의 12일자 보도자료를 정리한 것이다.

"정 총리가 1998년 한국신용평가정보와 외국계 기업인 무디스의 합작법인으로 출발한 한국신용평가주식회사의 설립이사로 6명의 이사진과 등기됐다"가 "2000년 9월 한국신용평가정보의 경영권 분쟁 과정에서 이사 2인과 함께 이사직을 사임했다."

"지난 예금보험공사 자문위원 활동 의혹에 정 총리는 '영리기업으로 질의를 잘못 알아들었다' 고 영리기업과 관계가 없음을 강조" 했는데, "이번에 자문이나 고문 수준이 아니라 영리기업의 등기이사로 재임한 것이 밝혀졌다. 고의적인 거짓말을 반복한 것" 이다.

"한국신용평가정보는 1985년 40여 개의 금융기관이 출자하고 재무부와 경제기획원 출신 인사들이 경영을 해온 영리기업"으로 "왜 공무원 신분으로 겸임이 불가한 이사를 직접 등재했는지 밝혀야" 한다고 주장했다.

이와 더불어 "1999년 당시 한국신용평가 송모 대표이사와 이모 이사가 2000년 5월 상장 예정인 한국신용평가정보 자사주를 주당 500원에 사들여 막대한 차익을 거둔" 사실을 지적하면서 "정 총리는 당시 이사로서 한신평정보 자사주를 취득한 사실이 있는지 밝히고 취득 경위와 시세차익에 대해서도 고백해야 한다"고 요구했다.

그러면서 "정 총리의 지난 10년 동안의 가면무도회는 이제 막을 내려야 한다"며 "정 총리는 스스로 불법 사실을 사과하고 책임을 져야 한다"고 말했다.

　

최 의원의 발표 이후 민주당은 그야말로 축제 분위기였다. 국정감사장에서는 정 총리를 '증인'으로 요구하고, 자진사퇴서부터 해임건의안 제출 계획까지 언론을 통해 대대적으로 성토했다. 최 의원은 '파렴치', '가면무도회', '반복적인 거짓말' 등 갖은 용어를 동원해 모욕을 주었고, 민주당이 공언한 대로 '정운찬 국감' 분위기가 자리를 잡았다.

이러한 최 의원의 주장에 정 총리는 다음과 같이 해명했다.

"상근이사가 아닌 사외이사로 활동했으나 보수를 받거나 지분을 취득한 적이 없다"면서 "회의시 참석비 명목으로 소정의 회의비를 받은 것이 전부"다.

그리고 "당시에는 영리법인의 사외이사를 맡기 위해서 소속 기관장의 허가를 받아야 한다는 교육공무원법 규정이 제정된 2002년 12월5일 이전의 일로 허가에 대한 인식이 거의 없었다."

"1998년은 우리나라가 전대미문의 외환위기의 암흑 속에 있었다"고 말하고 "그 과정에서 우리 기업의 신용은 터무니없이 낮게 평가되고 있어서 국익을 위해 경제전문가로서의 도움을 요청받고 있었다는 시대적 상황도 고려되어야 할 것"이라고 해명했다.

정 총리가 청문회에서 한신평의 등기이사직을 겸직한 사실을 이야기하지 못한 것은 분명 잘못이다. 그러나 정 총리의 해명을 받아들이지 않고 그렇게 무자비한 공격을 가해야 할 사안은 아니라고 본다.

정 총리가 한신평 이사직을 겸임하면서 최 의원이 추측하는 막대한 금전적 수익을 얻은 사실도 없고, 회의에만 참석하여 특별히 숨겨야 할 것도 없었기 때문이다. 따라서 정 총리가 의도적으로 겸직 사실을 숨기려 했다기보다는 10년 전 일로 한신평과 관련된 특별한 기억이 없고, 또 10년 동안 YES24 외에 '영리기업'과 관련된 일을 한 적이 없었기 때문에 청문회에서 바로 생각나지 않았던 것뿐이다.

또한 한신평도 최 의원 주장에 대해 다음과 같은 보도자료를 냈다.

"정 총리가 서울대 경제학과 교수 신분으로 1998년 8월 18일부터 2000년 9월 30일까지 비상근이사로 근무했지만 별도의 고정급이나 스톡옵션 등을 제공한 적이 없다."

"이사회에 참석할 때마다 소정의 회의 참석비를 제공했으며 그 금액은 840만 7400원이다."

"법인 설립 때나 그 이후에도 정 총리가 한신평 지분을 취득한 사실이 전혀 없다."

"사임 역시 일부에서 추측한 사내분규와는 관련 없이 본인 희망에 따라 이뤄졌다."

한신평의 보도자료는 최 의원의 보도자료를 부분적으로 부정하면서 오히려 정 총리의 청렴성을 확인시켜 주었다. 최 의원의 보도자료에서 나타나듯 다른 이사들이 막대한 수익을 얻었음에도 불구하고, 정 총리는 전혀 그러한 행위를 하지 않았음이 확인되었기 때문이다.

최 의원은 정 총리와 한신평의 해명으로 기대(?)했던 금전적 문제가 나오지 않자, 법적 문제에 집중하여 정 총리를 공격해 들어갔다.

⌣

"2002년 12월 5일 만들어진 교육공무원법 19조 2항은 주로 교육공무원에게만 특혜를 준 것"이라며 "이 법이 제정되기 전에는 교육공무원을 포함한 모든 공무원이 국가공무원법 64조의 적용을 받았다."

"더더욱 분노하게 되는 것은 2002년 이〇〇 전 서울대 총장이 모 기업 사외이사로 재직한 것 때문에 서울대 총장을 사임했다. 그 후임 총장이 정운찬 총장이다."

"이 전 총장과 직후 총장인 정운찬 총장의 혐의가 같은데도 정 총리는 이 전 총장 낙마 후 서울대 총장에 입후보해 취임하는 파렴치한 행위를 저질렀다. "일국의 총리가 자신의 떳떳하지 못한 과거 사실에 대한 야당의 지적을 호도하고 있다."

"교육부가 서울대에 국립대 교수가 사외이사로 겸직하는 것은 불법이므로 그런 일 발생 않도록 엄중히 관리하라는 공문을 보낸 것이 법 제정 이전인 2000년 11월이다. 명백히 법 제정 전에는 모든 겸직이 금지된 것이다."

"정 총리는 더 이상 총리직에 연연해 국민을 속이고 무시하는 파렴치한 행위를 보이지 말라. 정 총리가 스스로 책임 있는 모습을 보여줄 것을 촉구한다."

지금까지 한신평과 관련된 최 의원의 지적과 정 총리의 해명을 정리해 보면 최 의원의 주장은 다음 세 가지다.

첫째, 한신평은 영리기업이기 때문에 "영리기업과는 관계없다"고 한 정 총리의 청문회 발언은 '위증'이다.

둘째, 허가를 받지 않고 영리기업 사외이사를 겸직했으니 '위법'이다.

셋째, 이 전 서울대 총장도 '사외이사' 문제로 사퇴했는데도 불구하고, 정 총리가 동일한 시기에 사외이사를 했음에도 이 총장 후임으로 총장직을 맡은 것은 부도덕하다.

최 의원의 주장을 하나씩 살펴보자. 그에 앞서 10여 년 전의 사회환경을 먼저 살펴보기로 하자. 정 총리의 병역 문제에서도 엿볼 수 있지만 민주당 의원들은 사건이 발생한 시기의 사회경제적 환경에 대해서는 전혀 관심이 없다. 오직 현재를 기준으로 과거 사건을 판단한다. 그렇게 하는 것이 국민을 호도하여 정 총리의 도덕성을 흠집내는 데 유리하기 때문일 것이다. 그러나 객관적 판단을 하기 위해서는 정 총리가 사외이사직을 맡은 1998년의 사회환경을 살펴보는 것이 필요하다.

사외이사 제도는 1997년 IMF 경제위기 이후 기업 경영의 투명성을 높이기 위한 기업지배구조 개편 방안의 하나로 도입됐다. 독립적인 외부 전문가가 이사회에 참여함으로써 대주주의 전횡을 막고, 투명한 의사결정과 감독·감시 기능을 강화함으로써 경영 민주화와 효율적인 내부견제 기능을 수행하는 데 그 목적이 있다.

즉 사외이사는 이사회 등에서 회사의 업무 집행에 관한 의사결정, 대표이사 선출, 대표이사의 업무 집행에 대한 감독 등 경영 의사결정과 함께 경영진의 업무 집행에 대한 감독·감시 기능을 수행한다.

그런데 사외이사제도가 충분한 시간과 준비 과정을 거쳐 실시된 것이 아니라 IMF라는 불가항력적인 외부 요인에 의해 단기간 내에 실시되면서 사외이사제로 야기될 수 있는 문제를 사전에 차단하고 해소할 수 있는 법과 제도를 충분히 마련하지 못했다.

앞으로 살펴보겠지만 '국민의 정부'가 사외이사제와 관련하여 취한 조치 가운데 가장 미흡한 부분 중 하나가 '교수들의 사외이사 겸직'과 관련된 문제였다. 사외이사제 도입 초기에 교수들의 사외이사 겸직에 관해 정확한 기준을 법제화·제도화하지 않고 즉흥적으로 대처함으로써 사회적으로 여러 가지 부작용이 발생한 것이다. 그 사례 중 하나가 이전 서울대 총장 사외이사 겸직 건과 정 총리에 대한 최 의원의 적절하지 않은 한신평 사외이사 겸직 공격 건이다.

'국민의 정부'를 창출한 민주당 소속 최재성 의원이 정 총리의 한신평 사외이사 겸직을 '위법'이라고 주장하는 것은 적절하지 않다. 그 이

유를 정 총리가 한신평 사외이사직을 맡았던 국민의 정부 시대의 금융
정책에서 살펴보자.

판단의 기준을 세우기 위해서 몇 가지 질문을 해보자.

첫째, 국민의 정부가 교수들의 사외이사 겸직을 어떻게 생각하고 있
었는가? 1998년부터 위법 행위라고 인지하고 있었는가?

둘째, 최 의원의 지적처럼 교육부가 2000년 11월 교수들의 사외이사
겸직 금지 공문을 발송했을 때, 그 이전의 사외이사 겸직 교수를 위법으
로 보고 있었는가? 아니면 인정하고 있었는가?

셋째, 한신평을 국민의 정부는 어떻게 생각했는가? 즉 일반적인 영
리기업으로 생각했는가? 아니면 공공성을 갖고 있는 기업으로 인식했
는가?

다음은 국민의 정부에서 교수들의 사외이사 겸직을 어떻게 인식하고
있었는지를 알 수 있는 관련 기사로 〈한겨레〉 2001년 7월 19일자와
2002년 4월 9일자 기사다.

상장사 사외이사 평균 2.3명. 외국인은 29% 증가

상장사들의 사외이사는 평균 2.3명이며 상당수가 경상계열 학
과를 졸업한 50대 경영인인 것으로 나타났다. 또 외국인 사외이
사는 작년보다 29%나 증가했다.

19일 한국상장사협의회에 따르면 6월 말 현재 상장사 사외이사
1천440명을 대상으로 분석한 결과 사당 사외이사 수는 평균 2.3
명이었다. 금융업은 평균 4.06명이었고 제조업은 2.02명, 비제
조업(금융업 제외)은 2.35명이었다.

또 사외이사가 2명인 회사는 전체의 42.3%인 265개사로 가장
많았고 다음으로 1명인 회사가 32.4%인 203개사, 3명인 회사가
12.5%인 78개사였다. 사외이사가 5명 이상인 회사도 45개사로
7.2%에 이르렀다. 나이로는 50대가 532명으로 36.9%를 차지
해 가장 많았다. 외국인 사외이사는 71명으로 작년보다 29.1%
늘어났으며 전체의 4.9%를 차지했다.

사외이사의 직업은 경영인이 363명(25.2%)으로 가장 많았고 다
음으로 **교수 268명(18.5%)**, 변호사 127명(8.8%), 회계세무사
103명(7.2%), 고문·자문 70명(4.9%), 연구원 38명(2.6%), 사회단
체 31명(2.2%), 언론인 16명(1.1%), 무직 329명(22.8%) 등이었다.
대학·대학원 전공을 보면 경상 49.1%, 법정 22.9%, 이공
13.4%, 인문사회 3.1%, 의약 1.6% 등의 순이었다.
사외이사가 많은 회사는 신한은행 33명, 제일은행 14명, 한국주
택은행·하나은행 각 12명, 국민·한미은행 각 10명, 담배인삼
공사·외환은행·한화 각 9명 등의 순이었다

－〈한겨레〉, 2001.7.19

사외이사 겸직 교수 늘었다

사외이사를 겸임하고 있는 교수 수가 지난해보다 늘어난 것으로 나타났다. 9일 한국상장사협의회가 내놓은 자료를 보면, 지난 3월 끝난 12월 결산 상장법인의 정기주주총회에서 교수 96명이 사외이사로 새로 선임되는 등 3월 말 현재 사외이사 겸직 교수는 모두 277명인 것으로 집계됐다. 이는 지난해 6월 말의 263명보다 5.32% 늘어난 것이다.

전체 사외이사 가운데 교수가 차지하는 비율도 지난해 6월의 18.5%에서 19.5%로 늘어났다. 반면 올해 선임된 12월 결산사의 신임 사외이사는 500명으로, 지난해의 537명보다 6.9% 줄었다.

또 이날 발표된 코스닥증권시장의 집계를 봐도, 12월 결산 등록법인 404개사가 뽑은 사외이사 598명 가운데 교수는 경영인(30.1%) 다음으로 많은 20.3%인 것으로 나타났다. 이어 변호사(8.2%), 회계사(4.8%), 세무사(3.5%) 차례였다.

12월 결산 등록법인의 전체 이사 2112명 가운데 사외이사가 차지하는 비중은 28.3%였다.

-〈한겨레〉, 2002. 4. 9

위 기사에서 국민의 정부는 교수들의 사외이사 겸직을 1998년부터 알고 있었고, 교수들의 사외이사 겸직에 문제가 없다고 생각한 것 같다. 일부 문제가 있더라도 IMF 극복을 위해 강력하게 금지할 정도는 아니라고 생각하여 묵인했다고 추측할 수 있다. 사외이사 겸직 교수가 위 기사 내용에서 확인할 수 있듯이 2001년 268명에서 2002년에 277명으로 늘어났기 때문이다.

다음은 두 번째 판단 기준인 국민의 정부에서 교육부가 2000년 11월 국·공립대 교수들의 사외이사 겸직을 금지하는 공문을 대학에 발송했을 때, 공문 발송 이전의 사외이사 겸직 교수들에 대해 어떤 시각을 갖고 있었는지를 보여주는 기사다.

최 의원은 2000년 11월 공문을 근거로 사외이사제가 도입된 1998년부터 공문 발송 이전까지 사외이사직을 겸직했거나 겸직하고 있는 교수들의 행위를 '위법'이라고 단정하고 정 총리가 국가공무원법을 위반했다고 주장했다. 아래 기사는 이러한 최 의원의 판단이 맞는지 확인할 수 있는 기사다. 2001년 1월 27일자 〈한겨레〉 사설이다.

사외이사 겸직 교수의 위법성

교육부가 대학교수들이 기업 등의 사외이사를 새로 맡지 못하게 했다. 교수의 사외이사 겸직이 대학교원의 영리행위를 금한 교육공무원 법 등에 어긋나기 때문이라고 한다. 그렇다면 그동안 교수들이 사외이사를 맡은 것은 불법이라는 이야기다. 그러나 교육부는 현재 사외이사를 겸하고 있는 교수들에게 사외이사직에서 물러나라고 하지는 않고 있다. 이는 옳지 않다. 지금 사외이사를 겸직한 교수들도 사외이사를 그만두는 게 법 논리나 형평성에 맞다고 본다. 더욱이 사외이사에서 물러난다고 해서 당장 생계가 어려워지거나 연구활동에 지장이 생기는 것이 아니잖은가. 물론, 해당 기업으로서는 약간 혼란이 빚어질 수 있겠지만 이는 다른 방법으로 해결하는 게 온당하다.

우리는 기본적으로 교수가 사외이사를 맡는 게 잘못됐다고 생각하지 않는다. 그들의 전문지식이 기업 경영에 도움을 줄 수 있는 부분이 많다고 여기기 때문이다. 하지만 지금처럼 불법 상태는 곤란하다. 그런 만큼 이른 시일 안에 관련 법을 정비해 위법성을 해소할 필요가 있다. 그러나 그에 앞서 적정한 논의 과정을 거쳐야 한다. 그러지 않아도 교수의 사외이사 겸직에 따른 부작용이 문제가 되고 있기 때문이다. 학교에서 받는 급여보다 사외이사로서 얻는 직·간접 수입이 더 많다 보니 교수 본연의 임무를 소홀히 하는 경우가 있다. 심지어 재벌 총수와 경영진의 들러리나 로비스트 구실을 하는 교수들도 없지 않다.

교수가 사외이사를 겸할 경우 무엇보다도 기업 경영을 제대로 감시·감독해야 한다. 재벌 총수나 경영진의 입맛에 맞는 일만 해서는 기업에도 사회에도 도움이 안 된다. 또한 소비자와 환경 문제 등 공공 이익을 최대한 대변한다는 자세를 갖춰야 할 것이다. 사외이사 활동 내용을 투명하게 공시하는 것도 고려해 봐야 한다. 이와는 별개로 경영진만이 아닌 이해관계자도 사외이사를 추천하도록 하는 방안을 적극 강구해야 할 때다.

-〈한겨레〉, 2001. 1. 26

위 사설에서 정 총리가 국가공무원법을 위반했다는 최 의원의 주장
이 타당하지 않음을 알 수 있다. "현재 사외이사를 겸하고 있는 교수들
에게 사외이사직에서 물러나라고 하지는 않고 있다. 이는 옳지 않다. 지
금 사외이사를 겸직한 교수들도 사외이사를 그만두는 게 법 논리나 형
평성에 맞다고 본다"는 사설에서 국민의 정부 교육부가 교수들의 사외
이사 금지 공문을 보내면서도 최소한 공문 발송 이전에 사외이사직을
맡고 있던 교수들의 겸직은 묵인하고 있음을 확인할 수 있기 때문이다.

다음은 세 번째 판단 기준인 '한국신용평가를 어떻게 볼 것인가?'에
관한 기사다. 즉 국민의 정부가 1998년부터 2001년까지 한신평을 공공
기관으로 보았는가, 아니면 영리기업으로 인식했는가를 판단할 수 있
는 기사다. 또한 국민의 정부가 교수들의 사외이사 겸직에 대해 어떤
시각을 갖고 있었는가를 명확하게 보여주는 기사다. 2001년 3월 21일
자 〈문화일보〉다.

대학교수 사외이사 금지 논란

대학교수의 사외이사 겸직에 대한 위법성 시비가 일고 있는 가
운데 금융감독원이 공공성이 강한 부문에 한해 '제한적 허용'
입장을 밝히고 나섰다. 이는 대학교수의 사외이사 겸직은 국가
공무원법·사립학교법·공무원복무규정 위반이므로 금지돼야
한다는 교육부의 입장과 상반된 것으로 현재 관련 법안이 의원

입법 형식으로 국회에 계류돼 있는 상태에서 논란이 예상된다.

대학교수가 상장사 사외이사를 겸직해서는 안 된다는 교육부의 경고에도 불구하고 최근 은행 주총 등에서 대학교수의 사외이사 선임이 계속되고 있는 가운데 금감원은 20일 "은행 등 공공성이 강한 곳의 대학교수 사외이사 선임은 허용돼야 한다"는 입장을 밝혔다.

금감원은 "올 주총을 마친 은행들의 사외이사 선임 현황을 파악한 결과 은행별로 평균 1명씩, 전체 사외이사의 약 16%(20명)가 대학교수인 것으로 나타났다"며 "그러나 막상 사외이사에 선임된 교수 중 상당수가 대학측의 승인 문제 때문에 진통을 겪고 있는 것으로 파악되고 있다"고 밝혔다.

금감원 관계자는 "사기업은 몰라도 공공성이 강한 분야에까지 대학교수 사외이사 겸직 금지란 잣대를 일률적으로 들이대는 것은 문제가 있다"며 "특히 막대한 공적자금이 투입된 은행권의 경우 리스크관리 등에 대한 전문지식을 갖추고 논리적으로 견제 역할을 해줄 만한 교수 출신 사외이사가 반드시 필요하다"고 말했다.

교수 한 명이 2~3곳의 사외이사를 겸직하는 등 지나치게 영리행위에 매달리거나 연구활동에 지장을 주는 것은 곤란하지만 공익성이 강한 한 곳의 사외이사를 맡아 활동하는 것은 전문지식의 사회 활용 차원에서도 용인돼야 한다는 게 금감원의 주장이다. 금감원은 이같은 입장을 조만간 국회와 교육부 등에 전달키로 했다.

이에 앞서 교육부는 "교수의 사외이사 겸직은 대학교원의 영리

행위를 금지한 국가공무원법 및 사립학교법 등의 규정에 저촉되
므로 교수의 사외이사 겸직을 허가하는 일이 없도록 하라"는 내
용의 공문을 올 초 전국 각 대학에 보낸 바 있다. 상장기업 사외
이사로 등재된 교수는 작년 말 현재 모두 263명으로 전체 사외
이사의 18%를 차지하는 것으로 파악되고있다.

김병직 기자 bjkim@munhwa.co.kr
－〈문화일보〉, 2001. 3. 21

이 기사에서 확인할 수 있는 것은 두 가지다. 하나는 국민의 정부에서
한신평을 엘지·삼성·현대와 같은 '사기업'으로 인식하지 않고 '공공
성'이 있는 기관으로 인정하고 있음을 추측할 수 있다는 것이고, 다른 하
나는 경제 관련 정부 부처가 '금융기관' 같은 곳에 경제 분야 관련 교수
들의 사외이사 참여를 적극 용인하고 장려했다는 사실이다.

더욱이 위 기사가 IMF 졸업을 선언(2001년 8월 24일)하기 5개월 전에
씌어졌음에도 정부 부처가 금융기관을 '공공기관'으로 인정하고 있고,
교수들의 사외이사 겸직이 금융기관에는 반드시 필요하다고 주장했다
는 사실을 고려한다면, 외환위기 직후인 1998년에 국민의 정부 정책 결
정권자들이 금융기관과 교수들의 사외이사 겸직에 대해 어떻게 인식하
고 있었는지를 쉽게 추측할 수 있다.

이같이 외환위기 극복을 위한 국민의 정부 경제개혁 정책에서 '기업
신용평가' 체계 구축은 매우 중요한 일이었다. 지금은 한신평이 하나의

사기업으로 인식되지만 1998년에 '무디스', '피치' 같은 신용평가회사가 '한국의 신용을 몇 등급으로 평가'했고, '몇 등급으로 올렸다'는 발표가 매우 중요한 뉴스로 취급되었던 당시 상황을 생각해 보면, 국민의 정부가 '한신평'을 어떻게 생각했는지 쉽게 추측할 수 있다.

이처럼 1998년에는 최 의원 생각과 달리 정부는 한신평을 사기업으로 생각지 않고 '공공성을 갖는 기업'으로 인식하고 있었다. 그 때문에 외환위기 극복과 경제개혁을 위해 '신용평가 시스템'을 구축하기 위해 관련 전문가들이 적극 참여하기를 희망했고, 또 이를 당연한 것으로 생각했다.

따라서 지금까지 최 의원이 제기한 한신평 관련 의혹을 살펴본 결과는 대체로 다음과 같다.

첫째, 한신평과 관련하여 정 총리가 숨겨야 할, 즉 밝혀지면 안 될 치명적인 내용(금전적 수익)이 없고,

둘째, 국민의 정부에서 한신평을 공공 기능이 강한 기관으로 인식하고 있었으며,

셋째, 국민의 정부는 1998년부터 교수들의 사외이사 겸직을 알고 있었을 뿐 아니라 2000년 11월 교육부가 사외이사 금지 공문을 보내면서도 그 이전에 사외이사 겸임자에 대해서는 인정하였고,

넷째, 더 나아가 국민의 정부는 금융기관과 같은 공공성이 강한 기관에는 교수들의 사외이사 겸임을 권장했기 때문에 정 총리의 청문회 발언을 이유로 '위증'·'위법'이라고 주장하는 것은 타당하지 않다.

 정운찬 시시비비

만일 최 의원과 민주당이 정 총리의 '한신평 비상근 사외이사' 겸직
을 문제삼으려면 최소한 '국민의 정부'가 위법을 자행·방조했고, 교수
들을 위법 지대로 몰아넣었음을 인정해야 한다.

그리고 최 의원은 정 총리에게 '거짓말쟁이'라는 굴레를 씌우려 했
다. 정 총리가 수십 년 동안 '영리기업'과 관련이 없었음에도 유일하게
'영리기업'에서 등기이사까지 한 이유를 한 번쯤 생각해 보거나, 정 총
리의 해명을 주의깊게 듣는 성의를 보여주지 않았다. 또 최소한 같은 민
주당 의원이자, 국민의 정부에서 중추적 역할을 담당했던 박지원·이강
래 의원에게 1998년 외환위기 극복을 위해 국민의 정부가 어떤 시각을
갖고, 어떤 노력을 했는지 물어 보았어야 했다. 당시 정부는 '금융기관'
을 어떻게 평가했는지 확인하고, 당시의 한신평을 '사기업, 영리기업'
이라고 단정해야 했다.

마지막으로 이 전 서울대 총장 건을 거론하면서 정 총리의 서울대 총
장 역임을 부정적으로 평가했다. 하지만 이는 다음 세 가지 이유에서 적
절하지 않다.

첫째, 정 총리는 교육부가 사외이사 겸직 금지를 명시한 공문을 서울
대에 보내기 전에 한신평 비상근 사외이사직을 사임했기 때문이다.
둘째, 정 총리는 이 전 서울대 총장과 달리 한신평 재임시 회의 참석
비용만 받았을 뿐 거액의 수익을 올린 사실이 전혀 없기 때문이다.
셋째, 이 전 서울대 총장이 '겸직'과 관련하여 국가공무원법을 위반
했다고 비난받았지만 앞의 신문 기사에서 확인할 수 있듯이 교수들을

범죄자로 만든 것은 민주당이 창출한 국민의 정부가 사외이사제를 도입
하면서 충분한 준비를 하지 못했기 때문으로, 이 전 부총리도 그런 면에
서 보면 제도 미비로 인한 희생자라 할 수 있다.

6

평교수 시절 받은
선의의 여비가 뇌물?

문제는 여기에 있었다. 정 총리후보자가 미국에 가기 전에 만난 선배가 "여비에 보태라"고 돈을 준 이유는 정 총리후보자가 전직 서울대 총장이었기 때문이다. 미국에서 생활할 때 전직 서울대 총장으로서 '품위유지비'가 서울대 총장을 하기 전보다 많이 필요할 것으로 생각했기 때문이다. 정 총리후보자는 강 의원의 의도를 진작 파악해 선배에게 돈 받은 이유를 좀 더 정확하게 배경설명을 했어야 했다. 십수년간 알고 지내온 '부자 선배'에게 어떤 이유로 어떤 상황에서 돈을 받았는지 자세하게 설명해야 했지만 그러한 순발력을 발휘하지 못했다.

정 총리에게 가장 뼈아픈 것이 바로 영안모자 백성학 회장에게 1천만 원을 받은 사실일 것이다. 서울대 총장 퇴임 후에 500만 원씩 두 차례에 걸쳐 받은 것 때문에 '스폰서 총리'라는 온갖 비난과 조롱을 받았기 때문이다.

그러나 정 총리후보자가 어떤 상황에서 왜 1천만 원을 받았는지에 대해서는 어느 의원도 묻지 않았고, 제대로 설명할 기회를 주지도 않았다. 정 총리후보자는 영안모자 1천만 원 건을 청문위원이 처음 물어 볼 때, 청문위원들의 '말 돌리기' 혹은 '얼빼기'에 휘둘리지 말고 1천만 원을 받게 된 배경을 정확히 이야기했어야 했다. 그러나 돈을 받게 된 전체 배경을 말하지 않고 부분적으로만 언급함으로써 이상한 이미지만 남겼다.

다음은 1천만 원 건이 처음 제기된 청문회 속기록이다.

⌒

강운태 위원

자, 또 묻겠습니다.

세계 최대의 모자 회사로 성장한 Y모자 주식회사의 회장이 용돈을 간혹 주는 것으로 되어 있던데, 또 후보자께서는 받으신 것으로 되어 있던데 그것도 부인하십니까?

국무총리 후보자 정운찬

그것도 사실과 다릅니다. 제가 해외에 나갈 때 한두 번에 걸쳐서 가서 너무 궁핍하게 살지 말라고 소액을 준 적은 있습니다.

강운태 위원

얼마나 받으셨나요?

국무총리 후보자 정운찬

뭐 두 번에 걸쳐서 합해서 1000만 원 정도 됩니다.

⌒

이후 몇 차례 1천만 원 관련 발언이 있었지만 강운태 의원은 집중적으로 1천만 원 건에 대해 질문하고 정 총리후보자의 해명을 받아 종료하는 모습을 보이지 않았다. '세금'과 관련된 발언 사이사이에 1천만 원 건을 계속 언급함으로써 국민들에게 1천만 원 건을 매개로 정 총리후보자가 부정적으로 인식되도록 하는 노회함을 보였다.

특히 금융자산 증가와 관련된 질문을 하면서 정 총리후보자가 백 회장으로부터 1천만 원을 받듯 다른 사람에게도 돈을 받았을 수 있다는 추측이 가능하도록 분위기를 몰아갔다. 강 의원의 이러한 노력에 힘입어 정 총리후보자는 이슬비에 옷 젖듯 부도덕한 이미지로 덧칠해졌다.

다음 강운태 의원의 발언은 그 한 예다.

강운태 위원
후보자께서 아주 활동이 다양하셔서 기업 활동도 기업체 사장들하고도 친근하시고 그러는데, 결국 그 Y회사 회장한테만 받으신 겁니까?

국무총리 후보자 정운찬
저는 그런 돈 받은 일이 없습니다. 그분이 특별히 저를 좋게 생각해 주셔서……

정 총리후보자는 1천만 원을 받은 이유를 제대로 설명할 기회를 갖지 못했다. 겨우 설명한 것이 다음과 같다.

⌒

국무총리 후보자 정운찬

외국 가서 궁핍하게 살지 말라고 주신 것으로 알고 있습니다.

강운태 위원

지금 Y회사의 회장이 500만 원, 500만 원 두 번에 걸쳐서 줄 때에 후보자께 너무 궁핍하게 살지 말라며 줬단 말이지요.

국무총리 후보자 정운찬

제가 외국에 나가서 살 때입니다.

강운태 위원

글쎄 말이지요.

국무총리 후보자 정운찬

외국 사람들 앞에서 궁하게 살지 말라는 표시로 주신 걸로 알고 있습니다.

⌒

정 총리후보자는 "궁핍하게 살지 말라고 주었다"고만 했다. 청문회를 지켜본 국민들 중 정 총리후보자의 이 발언에 고개를 끄덕일 사람은 없을 것이다. 서울대 교수인 정 총리후보자가 '궁핍하게 산다'고 생각할 사람은 없기 때문이다. 오히려 강 의원의 다음과 같은 발언으로 인해 정 총리후보자는 '낭비하는 사람'으로 비춰져 부정적인 이미지만 얻었을 뿐이다.

강운태 위원

글쎄 말이지요.

어찌됐든 간에 보면 후보자께서는 작년의 경우에 한 달에 신용카드만 1000만 원 이상, 1년에 1억 2000 이상 쓰셨거든요. 그런데 작년에 그렇습니다. 작년에, 그 외국에 사실 때에, 재작년에도 말하자면 한 달에 1000만 원쯤 쓰셨고요.

그런데 그 Y회사의 회장이 돈을 주면서 너무 궁핍하게 살지 말라…… 스스로 궁핍하게 사셨습니까?

강 의원은 정 총리후보자가 한 달에 1천만 원 이상, 1년에 1억 2천만 원을 카드로 사용했다고 말하며, 이렇게 소비 지출이 많았던 정 총리후보자가 서울대 교수 월급만으로는 살 수 없어 회장의 돈을 받았을 것이라는 추측을 하게 하는 질문을 던졌다.

정 총리후보자는 강 의원의 의도를 진작 파악해 선배에게 돈을 받게
된 이유를 좀 더 정확하게 배경설명을 했어야 했다. 십수년간 알고 지내
온 '부자 선배'에게 어떤 이유로 어떤 상황에서 돈을 받았는지 자세하게
설명해야 했지만 그러한 순발력을 발휘하지 못했다.

정 총리후보자가 1천만 원을 받게 된 상황은 다음과 같다.

서울대학교 총장 임기를 마치고 프린스턴대학교에서 교환교수 자격
으로 6개월을 보내게 되었다. 위의 청문회 속기록에 나오는 외국이 미국
이고, 그 시기는 서울대 총장직을 마친 뒤였다.

문제는 여기에 있었다. 정 총리후보자가 미국에 가기 전에 만난 선배
가 "여비에 보태라"고 돈을 준 이유는 정 총리후보자가 전직 서울대 총
장이었기 때문이다. 미국에서 생활할 때 전직 서울대 총장으로서 '품위
유지비'가 서울대 총장을 하기 전보다 많이 필요할 것으로 생각했기 때
문이다.

이해할 수 있는 일이라고 생각한다. 물론 정 총리후보자 본인이 인정
했듯이 1천만 원 받은 일이 잘 했다고 생각하지는 않는다. 그러나 1천만
원 받은 것을 두고 '상습범' 이미지가 있는 '스폰서 총리'라고까지 부
르는 것은 지나쳤다는 생각이다.

또 민주당은 1천만 원 건과 관련하여 정 총리에게 '포괄적 뇌물죄'를
적용하여 검찰에 고소했다. 민주당 송영길 의원은 대정부 질의에서 정

총리에게 노무현 대통령 사례를 거론하면서 '포괄적 뇌물죄' 운운했다.

포괄적 뇌물죄란 무엇인가? 법에서 규정하고 있는 '뇌물죄'는 공무원이 직무와 관련해 대가성 금품을 받았을 때 성립하는 범죄로 형법 129조는 공무원이 직무와 관련해 뇌물을 받거나 요구·약속하면 5년 이하의 징역 또는 10년 이하의 자격정지에 처하도록 하고 있다.

이처럼 뇌물죄가 일반 공무원의 직접적인 행위와 연결되어 있다면, '포괄적 뇌물죄'란 대법원 판례를 통해 확립된 것으로 대통령·국회의원과 같이 직무 범위가 넓은 '직군(職群)'에 대해 대가 관계를 광범위하게 봐 구체적인 청탁이 없었다고 하더라도 금품을 수수한 경우 포괄적 뇌물죄가 성립하는 것으로 판단하고 있다.

포괄적 뇌물죄가 적용된 사례로 대법원은 1997년에 전두환·노태우 전 대통령에게 각각 무기징역과 징역 17년을 확정했고 각각 2205억 원, 2623억 원을 뇌물로 보고 추징금을 선고했다. 이때 대법원은 '약속이나 요구'가 없었다 할지라도 운영 편의나 정책 결정상 선처 명목으로 기업체가 대통령에게 제공한 금품은 대통령이 국정수행에서 누리는 지위에 비춰 볼 때 대가성과 직무 관련성이 있는 것으로 판단했다. 이밖에 포괄적 뇌물죄가 적용된 사례로 '박연차 리스트' 사건으로 구속된 박정규 전 청와대 민정수석과 정상문 전 청와대 총무비서관을 들 수 있다.

포괄적 뇌물죄가 적용된 사례에서 확인할 수 있는 것은 행정 실무를 직접 결정, 집행하지 않은 경우 '뇌물죄'를 바로 적용하기 어렵다는 것이다. 그보다는 오히려 국가정책 결정과정(일반 행정업무 포함)에 더 큰 영향을 미칠 수 있는 직위에 있는 사람, 즉 대통령이나 소위 정권 실세, 그리고 국회의원 등이 뇌물을 제공한 사람에게 '구체적인 약속과 실행'이 없다고 하더라도 정책을 통해 어떤 도움을 주었거나 줄 수 있을 것이라는 점을 기준으로 법적 제재를 가하고 있음을 알 수 있다.

그렇다면 정 총리에게 포괄적 뇌물죄를 적용하는 게 타당할까? 민주당에도 검사·변호사 출신들이 많기 때문에 충분히 검토하고 검찰에 정 총리를 포괄적 뇌물죄로 고소했을 것으로 생각한다.

그러나 민주당 법률가들이 정 총리에 대해 포괄적 뇌물죄를 적용한 것은 자가당착이고, 법을 조롱한 것이다. 그 이유는 정 총리가 1천만 원을 받은 당시의 직책이 '전 서울대 총장, 경제학부 교수'였기 때문이다. 당시 정 총리가 전 서울대 총장으로 명예는 있을지 모르지만 '국가정책 결정과정에 미치는 영향력'은 노 대통령의 집사로 불리던 정상문 청와대 총무비서관의 권력과는 비교할 수 없는 것이었다. 더욱이 정 총리는 민주당에서 확인해 주고 있듯이 노무현 정권과는 우호적 분위기보다 미묘한 갈등 관계가 더 많았기 때문에 '학자로서 경제정책에 조언'을 할 수 있는 상황도 아니었다.

따라서 영안모자 회장에게 1천만 원을 받았을 당시에는 정 총리가 영안모자의 회사 경영에 도움을 줄 수 있는 환경이나 권력을 전혀 갖고 있지 않았다고 보는 게 타당하다.

상황이 이러함에도 민주당이 '포괄적 뇌물죄'를 정 총리에게 적용한 것은 정 총리의 이미지에 타격을 주기 위한 정치공세에 불과하다. 물론 정 총리가 1천만 원 받은 것을 잘한 일이라고 보지는 않는다. 그러나 돈을 받게 된 이유가 '미국에서 장기간 살면서 외국인에게 비쳐질 서울대 총장'의 이미지를 염려해 선배가 후배에게 보태 준 여비라는 점을 고려한다면 정상을 참작해 줄 여지가 과연 전혀 없는 것일까.

7

허무맹랑한 8억 5천만원
부동산 다운계약서 주장

김종률 의원의 소위 8억 5천만 원 다운계약서 주장의 결론부터 말한다면 '다운계약서'는 존재하지 않았다.
김 의원 주장은 상식과 논리, 법에 전혀 맞지 않은 음해를 위한 주장이라고 단정할 수 있다.
김 의원이 다운계약서를 작성했다고 주장하는 대상이 '재건축 아파트' 단지의
토지 가격이기 때문이다. 다운계약서 건은 야당과 언론의 정 총리후보자에 대한
부정적 선입견과 무책임을 보여주는 대표적 사례라 할 것이다.

　　　　　　정운찬 국무총리 후보자 인사청문회의 민주당 청문위원들에게는 몇 가지 공통점이 있다. 대표적인 것이 '법의 자의적 해석'과 '현재를 기준으로 과거 평가하기'이다. 백원우 의원의 병역 관련 주장, 최재성 의원의 예금보험공사 건과 한국신용평가 관련 주장, 그리고 김종률 의원의 다운계약서 주장이 그렇다.

김종률 의원이 자작한 다운계약서

김종률 의원의 소위 8억 5천만 원 다운계약서 주장의 결론부터 말한다면 '다운계약서'는 존재하지 않았다. 김 의원 주장은 상식과 논리, 법에 전혀 맞지 않은 음해를 위한 주장이라고 단정할 수 있다. 김 의원이 다운계약서를 작성했다고 주장하는 대상이 '재건축 아파트' 단지의 토지 가격이기 때문이다.

　김 의원은 정 총리후보자가 2003년경 재건축 아파트 분양권을 구입
하면서 (건축물인 아파트가 아닌 지분으로 소유되는 아파트 단지의) 토지 가
격을 기준시가보다 낮게 신고했기 때문에 '다운계약서'를 작성한 것이
고, 결과적으로 수천만 원을 탈세했다고 주장했다.

　그러나 이러한 김 의원의 주장은 상식과 법에 맞지 않는다. 아파트 단
지와 같은 공동주택은 아파트 소유자가 단지 내 대지를 지분 형태로 소
유할 뿐, 대지만을 단독으로 거래할 수 없고 ㎡당 가격이 동일하여 아파
트 단지 안의 어떤 한 사람이 다운계약서를 작성하여 구청에 신고할 수
도 없다. 구청도 이를 인정하지 않기 때문이다. 즉, 소라아파트 재건축
단지에 입주한 사람은 분양권 매입 가격을 다르게 신고할 수는 있지만
토지 가격에 한해서는 ㎡당 모두 같은 가격을 강남구청에 신고할 수밖
에 없다. 따라서 정 총리후보자가 신고한 '토지 가격'을 이유로 다운계
약서 작성과 세금 탈루를 주장한 것은 '음해를 위한 주장'에 불과하다.

　이처럼 민주당이 제기한 의혹 중 가장 황당한 것이 '8억 5천만원 다
운계약서' 건이다. 다운계약서 건은 야당과 언론의 정 총리후보자에
대한 부정적 선입견과 무책임을 보여주는 대표적 사례라 할 것이다.

　김 의원은 9월 15일과 18일 두 차례에 걸쳐 정 총리후보자가 방배동
아파트 매매 과정에서 8억 5천만 원 다운계약서를 체결, 수천만 원의 세
금을 탈루했다고 주장했다.

　9월 15일, 민주당 김 의원은 국회에서 기자간담회를 갖고 다음과 같

 정운찬　시시비비

은 내용의 보도자료를 냈다.

> "정 내정자가 2005년 아파트를 매입하면서 다운계약서로 세금
> 신고를 하면서 수천만 원대에 이르는 취득세·등록세 등 거액의
> 세금을 탈루한 의혹이 제기되어 현재 확인 중에 있다."

> "2003년 1월 13일 처분한 강남구의 한 아파트도 사고팔 당시 다
> 운계약서를 작성하는 방식으로 수천만 원대가 넘는 양도세를 탈
> 루한 사실도 현재 조사하고 있다."
>
> ― 「아시아경제」 '정운찬, 방배동 아파트 '다운계약서' 의혹 제기 요약
> 2009. 9. 15, 김달중 기자

여기서 김 의원은 '2003년 강남 아파트를 사고팔았고, 2005년 방배동 아파트를 구입했다'는 두 가지 사실 외에 '다운계약서와 세금 탈루를 했을 개연성을 보여주는 그 어떤 증거'도 제시하지 않은 채 정 총리후보자에게 '다운계약서 작성과 세금 탈루 의혹'의 옷을 입혔다.

김 의원의 15일 발표는 법적으로 흠잡을 데가 없다. 청문위원으로서 '혹시 정 총리후보자가 부동산 매매 과정에서 세금 탈루를 했을지 모르기 때문에 조사할 계획'이라면서 '의혹'이란 단어를 삽입한 것이다. 그의 주장을 그대로 믿는다면 누구나 정 총리후보자가 실제로 세금 탈루를 했을 수도 있다고 생각할 것이다. 만일 '의혹'이란 단어를 사용하지 않고 단순히 '조사할 계획이다'라고 했다면 그처럼 언론의 조명을 받지 못했을 것이다.

이처럼 정략적 목적을 가진 김 의원의 기자간담회를 언론은 다음과
같이 보도하여 정 총리후보자에게 '부동산 다운계약서 작성=세금 탈
루'라는 불명예를 씌웠다.

> ## "정운찬 다운계약서 수천만원 탈루"
> ### 민주 김종률 주장… 정후보측 "사실 아니다"

– 〈서울신문〉, 9.16

> ## 민주 "정운찬, '다운 계약서' 탈루 의혹"
> ### "3년새 예금액 3억4천만원 늘어난 것도 의문"

– 〈뷰스앤뉴스〉, 9.15

> | 정치 ▾
정가 말말말
(듣) | 김종률 "정운찬, 다운계약서로 거액 탈루" 주장
뉴시스 |
> | --- | --- |
> | **기사** | 100자평 (0) |

– 〈조선일보〉, 9.15

> ## 정운찬도 부동산 매매 때 '다운계약서' 작성 의혹
>
> 박상희 기자 psh@vop.co.kr

– 〈민중의 소리〉, 9.15

 정운찬 시시비비 

-YTN, 9.15

이러한 김 의원의 '다운계약서 의혹' 주장에 대해 정 총리후보자는 "다운계약서를 작성한 적이 없다"고 간단명료하게 반박했다.

그런데도 김 의원은 18일 연합뉴스와의 전화 인터뷰에서 정 총리후보자가 8억 5천만원 다운계약서를 작성하고, 수천만 원의 세금 탈루를 했음이 확인되었다고 주장했다. 다음은 전화 인터뷰 내용을 요약한 것이다 (http://www.yonhapnews.co.kr/bulletin/2009/09/18/0200000000AKR200909182 23700001.HTML 참조).

"정운찬 국무총리 후보자가 현재의 방배동 아파트를 구매할 당시 토지 가격을 실제 매매가보다 8억 5천만여 원 낮게 정부에 신고했다. 정 후보자가 제출한 매매계약서에 의하면 이 아파트 토지의 매매가액은 9억 9500만 원이지만 국토해양부의 부동산 거래 정보에 신고된 매매 금액은 1억 4천만 원에 그쳤다. 금액을 축소 신고해 정 후보자는 수천만원의 취득세와 등록세를 탈루한 것으로 보이는 만큼 다운계약 사실이 명확하다."

김 의원의 이런 주장을 일부 언론은 그대로 받아 다음과 같이 보도했다.

> ## "정운찬 후보, 아파트 토지가격 8억 낮게 신고"
> **김종률 의원 "다운계약" 주장**

– 〈한겨레〉, 9. 19

이처럼 김 의원의 18일 인터뷰는 15일 제기한 정 총리후보자의 '다운 계약서'와 '세금 탈루' 의혹을 '사실'로 확정하면서, 그 핵심 증거가 8억 5천만 원 다운계약이라고 말한다.

청문회 속기록을 통해 법과 상식을 무시한 김 의원의 자작 8억 5천만 원 다운계약서의 실체를 파악해 보자.

9월 21일 발언

김종률 위원

내일 말씀하시라고 제가 말씀을 드렸습니다.

① (저자 표시) 그 다음에 후보자께서 2006년 10월 30일부터 현재까지 거주하고 있는 래미안 방배 아파트 취득세·등록세를 신고할 당시에 취득가액을 허위 축소 신고해서, 세금 신고를 하면서 5000만 원이 넘는 상당

한 세금을 탈루한 사실에 대해서 좀 보겠습니다.

우선 띄워 주세요.

(영상 자료를 보며)

후보자께서는 처음 소라아파트 재건축할 때 분양권을 사셨고, 9억 9500만 원에 사셨습니다. 그렇지요?

국무총리 후보자 정운찬

그렇습니다.

김종률 위원

② 그러면서 소라아파트 토지분 취득세·등록세를 신고함에 있어서 분양권 매수 금액인 9억 9500만 원을 기준으로 신고하지 않고 도표에서 보는 대로 1억 4000만 원 임의가액을 기재해서 매매가를 축소한 소위 다운계약서를 제출하는 방식으로 축소 신고를 했습니다. 그리고 그에 따른 취득·등록세 812만 원을 납부했습니다.

③ 도표를 보면서 설명을 드리면, 후보자께서 매수금액 9억 9500만 원에 분양권을 샀습니다마는, 분양권 자체가 토지분의 가액을 신고한 그 자체가 되는 것은 아닙니다마는, 즉 분양권 자체는 과세 대상이 아닙니다마는 아파트를 취득할 때 또는 입주한 다음에 취득에 소요되는 분양권 플러스 재건축 부담금 이것이 취득세·등록세 대상이 됩니다만,

④ 이때 9억 9500만 원을 기준으로 신고하지 않고 1억 4000만 원 임의가격을 썼거든요. 그런데 그 당시 기준시가가 2억 9600만 원이었습니다.

말하자면 2006년도부터 부동산 실거래가 신고가 의무화되면서 다운계
약서가 위법이 되고 처벌되는 것까지는 알고 계시지요? 물론 그 당시는
이것이 적용되지 않는 것이고 그래서 일정 범위 내에서 다운계약서가
사실 관행처럼 용인이 됐었습니다.

⑤ 그런데 그 경우에도 기준시가보다는 높게 써내야지 그렇지 않으면,
그 당시 지방세법, 다시 원칙으로 돌아가서 취득가액을 신고하게 되어
있습니다. 말하자면 후보자께서 이 다운계약서 9억 9500만 원 그리고
그 이후에 2억 6300만 원의 재건축 분담금을 감안할 때 다운계약서를 통
한 취득가액으로 축소 신고한 금액이 관행으로 허용되는 범위를 넘었습
니다. 좀 심했다는 그런 얘기입니다. 말하자면 흔히, 아마 그것은 후보자
께서도 경험하셨겠지만 한 12억짜리 아파트를 사면 대개 6000만~7000
만 원 정도의 취득세·등록세를 냅니다. 그런데 어떻게 계산하더라도 후
보자께서는 하여튼 2003년, 2005년 두 차례에 걸쳐서 도합 1450만 원의
세금을 내셨습니다.

그래서 적법하게, 올바르게 일반적인 기준을 적용해서 하면 사실은 후
보자께서는 약 5200만 원 정도의 세금을—취득세·등록세 등을—탈루
한 것으로 확인이 되고 있습니다. 이 부분에 대해서 그동안에 총리실을
통해서 해명서를 보내 오셨고 또 그것에 대해서 법적으로 세무 전문가
를 통해서 검토를 했었습니다.
그러니까 그렇게 복잡하게 생각할 것이 아니고 통상 12억짜리 그리고
10억짜리, 후보자 주장에 의하더라도 9억 9500만 원, 10억짜리를 사
면……

김종률 위원

대충 세금으로…….

국무총리 후보자 정운찬

제가 대답을 할까요?

위원장 정의화

제가 2분을 더 드렸는데 정리를 좀 간략하게 해주십시오.

김종률 위원

이것은 추가 보충질의 할 때 마무리하겠습니다.

위원장 정의화

내일 추가로 해주시고요.

후보자 따로 말씀하시겠습니까?

국무총리 후보자 정운찬

저는 지금 대답할 게 다 되어 있습니다.

위원장 정의화

그렇습니까?

　　김 의원 발언은 장황하고 앞뒤 발언이 서로 모순되는 등, 너무도 복잡
하여 해부하듯 분리하지 않으면 쉽게 이해하기 어렵다. 김 의원은 ①, ②
발언에서 확인할 수 있듯이 정 총리후보자가 2006년 부동산 실거래제
이후 방배동 아파트를 거래한 듯한 인상을 주면서 허위 축소 등의 방법
을 통해 8억 5천만원 다운계약서를 체결하고 5천만 원의 세금을 탈루한
것으로 단정하고 있다.

　　"① 2006년 10월 30일부터 현재까지 거주하고 있는 래미안 방배 아파
트 취득세·등록세를 신고할 당시에 취득가액을 허위 축소 신고해서, 세
금 신고를 하면서 5000만 원이 넘는 상당한 세금을 탈루한 사실에 대해
서 좀 보겠습니다."

　　"② 그러면서 소라아파트 토지분 취득세·등록세를 신고함에 있어서
분양권 매수금액인 9억 9500만 원을 기준으로 신고하지 않고 도표에서
보는 대로 1억 4000만 원 임의가액을 기재해서 매매가를 축소한 소위 다
운계약서를 제출하는 방식으로 축소 신고를 했습니다. 그리고 그에 따
른 취득·등록세 812만 원을 납부했습니다."

　　그런데 이어 김 의원은 자신의 발언을 부정하는 말을 하고 있다.

　　"③ 분양권 자체가 토지분의 가액을 신고한 그 자체가 되는 것은 아
닙니다마는, 즉 분양권 자체는 과세 대상이 아닙니다마는 아파트를 취
득할 때 또는 입주한 다음에 취득에 소요되는 분양권 플러스 재건축 부
담금 이것이 취득세·등록세 대상이 됩니다만" 라고 하면서 "④ 9억

9500만 원을 기준으로 신고하지 않고 1억 4000만 원 임의가격을 썼거든요. 그런데 그 당시 기준시가가 2억 9600만 원이었습니다. 물론 그 당시는 이것이 적용되지 않는 것이고 그래서 일정 범위 내에서 다운계약서가 사실 관행처럼 용인이 됐었습니다"라고 발언한 것이다.

즉, 김 의원은 '재건축 아파트 분양권을 구입할 경우 분양권 자체가 과세 대상이 아니고, 이를 기준으로 신고하지 않기 때문에 9억 9500만 원을 신고할 필요가 없고(③)', '2002년도에 신고해야 할 기준은 기준시가인 2억 9600만 원(④)' 이라고 하면서 스스로 '8억 5천만 원 다운계약서'를 부정하고 있다.

그럼에도 또다시 자신의 발언을 부정하고 8억 5천만 원 다운계약서를 계속 주장한다. 즉, "⑤ 그 경우에도 기준시가보다는 높게 써내야지 그렇지 않으면, 그 당시 지방세법, 다시 원칙으로 돌아가서 취득가액을 신고하게 되어 있습니다"라고 말하고 있는 것이다.

이러한 김 의원 주장에 대해 정 총리후보자는 다음과 같이 해명했다.

국무총리 후보자 정운찬
방배동 아파트 분양권, 분양권입니다. 매입가격은 9억 9500만 원이었습니다. 국토부 자료에 나타나는 가액은 법무사에 의해서 신고된 것이고 이중 1억 4000만 원은 건축물이 멸실된 상태에서 토지 부분에 대한 것으로 이에 대한 지방세를 모두 납부하였습니다. 그것은 2002년 말, 2003년 초에 있었던 일입니다.

그리고 건물이 지어졌습니다, 아파트가. 그리고 2005년 재건축 아파트 준공 후에는 구청에서 일괄 고지 과세하는 지방세를 모두 납부하였습니다. 그렇게 이해해 주십시오.

즉 정 총리후보자는 김 의원의 '③번 주장'처럼 분양권을 구입했기에 재건축 아파트에 관한 행정절차에 따라 건물 완공 전과 완공 후 2회에 걸쳐 취득 관련 지방세를 납부했다면서 다음과 같이 설명했다.

1. 분양권 구입 금액은 9억 9500만 원이었다. 9억 9500만 원 중 재건축 예정 아파트여서 아직 건축물이 완공되지 않은 까닭에 토지 가격을 1억 4000만 원으로 신고했다.
2. 신고는 법무사가 했고, 관련 지방세는 모두 납부했다.
3. 아파트가 준공된 이후에는 구청에서 일괄 고지 과세하여 지방세를 모두 납부했다.

정 총리후보자 해명에서 '세금 탈루를 목적으로 다운계약서를 작성하여 위법했다'는 흔적을 찾기란 어렵다.

이러한 정 총리후보자의 해명에 대해 김 의원은 추가질의를 통해 다음과 같이 반박했다.

〔21일 추가질의〕

김종률 위원

늦게까지 고생이 많습니다.

아까 방배동 래미안 아파트에 대해서 별도의 시간으로 후보자께서 말씀을 하신 부분에 대해서 저의 입장에서도 말씀을 드려야 될 부분이 있습니다.

⑦ 방배동 래미안 아파트는 아까도 보셨습니다마는 후보자께서 9억 9500만 원에 분양권을 사고, 그것이 토지 부분에 대한 대가입니다. 왜냐하면 그 당시 소라아파트는 재건축 아파트이기 때문에 분양권을 샀을 때 대지만 남아 있었지요, 토지 부분만.

그런데 그것을 1억 4000만 원에 신고를 하셨습니다. 그런데 그 당시 기준시가가 2억 9600만 원이었습니다. 그래서 이렇게 다운계약서를 통해서 관례랍시고 용인되는 경우에도 이렇게 기준시가보다도 적게 신고하는 경우까지 적법하다고 보지는 않는다는 것이 판례 입장입니다. 다운계약서가 당연히 마치 적법한 것처럼 말씀을 하시는데, 2006년 부동산 거래 신고가 의무화되면서 다운계약서가 그때 처음으로 위법하게 된 것처럼 말씀을 하시는데 그건 사실과 다르다는 점을 말씀드립니다.

⑧ 즉 관행으로 용인되는 경우에도 신고가액이 기준시가보다 낮은 경우는 실제 취득가액으로 신고해야 한다는 것이 판례의 해석이라는 점을 말씀을 드립니다. 이 부분에 대해 필요하면 내일 또 논쟁을 할 수 있다고 생각합니다.

이처럼 김 의원은 정 총리후보자 해명 이후에도 추가질의를 통해 ⑦, ⑧ 발언에서 확인할 수 있듯이 여전히 8억 5천만 원 다운계약서 작성과 위법을 주장하고 있다.

추가질의에서는 '판례', '법 규정'을 거론하여 시청자가 '다운계약서'를 작성했을 수도 있다는 의심을 갖게 했다. 그러나 김 의원 발언은 사실이 아니다. 교묘한 단어 바꾸기로 정 총리후보자에게 부도덕한 낙인을 찍고 있는 것이다.

교묘한 단어 바꾸기로 국민을 우롱한 다운계약서

김 의원이 어떻게 국민을 기만했는지 살펴보기로 하자. 김 의원이 청문회에서 발언한 핵심 주장은 다음과 같다.

'2003년경 재건축 아파트 분양권을 구입하여 1억 4000만 원을 토지 부분 취득가로 신고했는데, 이는 기준시가 2억 9600만 원보다 낮기 때문에 그러나 김 의원 주장에는 사실과 거짓이 뒤섞여 있다. 사회적으로 다운계약서가 관행처럼 이루어졌다는 주장은 사실이다. 그러나 정 총리후보자가 다운계약서를 작성하여 '위법'을 했다는 주장은 사실이 아니다. 따라서 '세금 탈루'도 사실이 아니다. 김 의원이 이야기하는 대법원 판례도 사실이 아니다. 김 의원 주장을 구체적으로 살펴보자.

먼저 앞에서 설명했듯이 공동주택 단지의 토지는 m²당 가격이 동일하기 때문에 정 총리후보자 혼자 다운계약서를 작성하여 구청에 신고하고, 이를 구청에서 인정하는 것은 '불가능'하기 때문에 김 의원의 다운계약서 주장이 원천적으로 거짓이라는 점을 명확히 하면서, 김 의원 발언에 숨어 있는 거짓을 살펴보자.

먼저 사실 부분이다. 2006년 1월 1일 부동산 실거래제가 적용되기 이전의 다운계약서는 관행처럼 용인되었다는 김 의원 주장은 사실이다. 현행 법에서 다운계약서 작성은 명백한 불법이다. 그러나 2006년 이전에는 법에 다운계약서의 위법 여부와 처벌 규정이 없었다. 그래서 "부동산 거래의 99%가 관행적으로 다운계약서를 작성"(법무부, 이귀남 법무부

장관 인사청문회 관련 해명) 했다. 국민들이 부동산 거래시 다운계약서를 작성한 이유는 '탈세'가 아니라 "법이 허용한 납세자의 절세권"(한국납세자연맹)을 활용하기 위해서였다.

지방세법 제111조 제1항은 "취득세의 과세 표준은 취득 당시의 가액으로 한다. 다만, 년부로 취득하는 경우에는 년부 금액으로 한다"고 되어 있고, 제2항은 "제1항의 규정에 의한 취득 당시의 가액은 취득자가 신고한 가액에 의한다. 다만, 신고 또는 신고가액의 표시가 없거나 그 신고가액이 다음 각 호에 정하는 시가표준액에 미달하는 때에는 그 시가표준액에 의한다"고 규정하고 있다.

즉 111조 1항, 2항은 납세자가 '취득가액'으로 신고하는 것과 '시가표준액'으로 신고하는 것 모두 합법이라고 규정하고 있다. 따라서 납세자는 '절세권'을 합법적으로 행사하기 위해 취득 당시의 가액과 시가표준액 중 자신에게 유리한 금액으로 신고하기 위해 '이중계약서(다운계약서)'를 작성하는 것이다. 법 규정에 따라 신고가가 시가표준액보다 낮지만 않으면 합법이기 때문에 실지 거래가와 다른 이중계약서(검인계약서)를 작성하여 신고한 것이다.

다음은 김 의원의 잘못된 주장이다. 김 의원은 교묘하게 단어 하나를 바꿔 정 총리후보자가 세금 탈루를 목적으로 다운계약서를 작성한 것으로 만드는 놀라운 기술을 선보였다. '기준시가'라는 단어다.

김 의원은 신고가액이 '기준시가'보다 낮으면 위법이라면서, 취득가로 신고해야 한다는 판례가 있다고 했다. 그러나 이러한 김 의원 주장은 사실이 아니다. 앞에서 살펴보았듯이 지방세법에서 취득세와 관련하여 적용하는 기준은 '기준시가'가 아니라 '시가표준액'으로, '신고가액'이 '시가표준액'보다 낮을 경우 '시가표준액'을 적용한다. 따라서 '시가표준액'보다 낮으면 실제 취득가로 세금을 부과한다는 판례는 있어도 김 의원이 이야기하는 '기준시가'보다 낮으면 '취득가'로 신고해야 한다는 판례는 없다.

'기준시가'와 '시가표준액'이란 단어가 중요한 이유는 고시(告示) 기관과 적용되는 법이 다르고, 금액에 차이가 있기 때문이다. '기준시가'는 국세청 고시로 양도소득세·상속세·증여세의 기준이 되고, '시가표준액'은 지방자치단체가 고시하는 것으로 취득세·등록세의 기준이 된다. 부동산 실거래제가 적용된 이후에는 '기준시가'와 '시가표준액' 구분이 의미가 없어졌지만, 실거래제 이전에는 많은 차이가 있었다. 가장 큰 차이는 국세청 '기준시가'는 시가의 80%선이지만, 지방자치단체의 '시가표준액'은 시가의 30~50%에서 결정되어 기준시가보다 낮다는 것이다(기준시가·시가표준액에 대해서는 다음 자료 참조 : http://cafe.naver.com/daeil4933/230).

만일 김 의원이 주장한 2억 9600만 원 기준시가를 시가의 80%로 잡을 경우, 정 총리후보자가 신고한 1억 4000만 원은 시가의 40%로 시가의 30~50%에서 결정되는 시가표준액 범위 안에 있음을 알 수 있다.

지금까지 검토한 것을 정리하면, 첫째 공동주택인 재건축 아파트의 토지 가격을 다운계약서로 작성하여 구청에 신고하고, 구청이 이를 받아 준다는 것은 상식에도 어긋나고 법적으로도 불가능하기 때문에 원천적으로 다운계약서는 존재할 수 없다. 둘째, 김 의원은 지방세법과 관련된 '시가표준액' 대신 국세와 관련된 '기준시가'를 정 총리후보자의 위법 증거로 이용하는 비윤리적인 모습을 보였다.

그럼에도 김 의원의 주장을 대서특필했던 언론 중 어느 한 곳도 청문회 이후라도 김 의원의 주장이 허구였음을 지적하는 언론은 없었다.

김 의원의 청문회 발언이 시청자들 눈에는 한심하게 보였던 것 같다. 누군가 댓글을 달아 김 의원의 행위를 예리하게 비판했다. 다음은 김 의원 홈페이지 자유게시판에 실려 있던 내용이다.

다음은 위 캡처 내용을 텍스트로 복사해 온 것이다.

제 목 : 국민은 바보가 아닙니다.
작성자 : 구름나그네
등록일 : 2009-07-08 오후 5:07:00
조 회 : 194
추 천 : 8

 김종율 의원님! 청문회를 바라보면서.

후보자의 부동산 거래시 실지계약서와 검인계약서를 비교하면서
다운계약서라고 주장하면서 탈세를 했다고 주장한다.

2005년 전에는 전 국민이 누구나 실지계약서와는 별도로 법무
사 사무실에서 작성해 준 검인계약서로 취득세·등록세를 납부
하고 등기를 하였다.

당시 후보자는 평범한 시민(교수)이었다.
국회의원이라고 해서 실지계약서로 취득세·등록세를 내겠다
고 우기는 사람은 없다. 이런 걸 도덕성의 잣대로 들이대는 의
원님이 측은하다.

결국 후보자의 도덕성을 흠집내기 위하여 전 국민의 볼모로 삼
은 것이다. 후보자가 탈세를 했다면 의원님 자신은 물론이고 전

국민이 탈세범이라는 것인데 김종율 의원님은 당시 검인계약서의 법적 취지도 잘 모르는 것 같고 절세와 탈세의 의미도 혼돈하시는 것 같다.

무엇보다도 문제가 되는 것은 도표까지 작성해 와서 흠집내기에 열중인데 그걸 바리보는 국민은 이떻까?

과연 후보자가 도덕적으로 문제가 있는 사람이라고 생각할까?

문제는 김종율 의원님이 국민들을 깔보는 데 있다.

국민이 검인계약서는 누구나 과세시가표준액에 의하여 작성한다는 것을 누구나 알고 있다. 그러니까 후보자가 잘못되었다면 청문회를 바라보는 국민도 잘못되었다는 것인데 일반 서민의 마음이 편할까?

그리고 의원님들은 정말 실지거래가액대로 취득세·등록세를 납부할까? 국민들은 누구나 흠집을 내기 위하여 억지논리를 주장한다는 것을 알고 있다.

근데 김종율 의원님의 심각한 문제는 국민들이 이것 정도도 모를 것이라고 생각하는 것이다. 그러니까 국민의 수준을 거의 바보 수준으로 알고 있는 것이다.

정말 바라는 것은 국세청의 비전과 국민이 바라는 세정을 펼치는데 대한 날카로운 견해와 포부를 묻고 질타해야 할 것이다.

이것이 김종율 의원님께 바라는 조그만 바람이다.

8

허술한 청문회 준비
―수정신고한 세금

정 총리후보자는 본인의 세금 상식이 부족하고, 실수로 지나친 것이 있을 수도 있다는 생각을 거의 하지 않은 것 같다. 이러한 자신감은 '수정 신고' 한 번과 '사과'로 끝날 세금 관련 수정신고를 세 번으로 늘어나게 했을 뿐 아니라, '노출되지 않은 별도의 수입 3억'이란 어처구니없는 의혹을 자초했고, 청문회 이후에는 소득세법 위반 혐의로 검찰에 고발당하기까지 했다. 만일 정 총리후보자가 총리 임명 직후에 지난 5년간 본인과 가족의 모든 재산 관련 서류를 전문가에게 의뢰하여 종합적으로 검토하고, 그에 따른 조치를 끝낸 다음 자료를 국회에 제출했더라면 1차 수정신고로 모든 일을 마무리할 수 있었을 것이다.

정 총리가 정직하게 살려고 노력해 온 본인의 삶에 자신하여 다른 사람들도 이를 인정해 줄 것으로 믿고 청문회 준비에 소홀했음을 가장 명확하게 보여준 부분이 '세금' 문제와 '배우자 미술작품 관련 건'이다. 이 두 건은 국민들에게 정 총리가 실무법에 약하지 않을까 하는 의구심을 품게 하기에 충분했다.

정 총리는 국회에 자료를 제출하기 전에 전문가에게 의뢰하여 충분히 검토하고, 제기될 의문에 대해서는 해명과 설명 자료를 준비했어야 했다. 그러나 본인의 경력에서 YES24 '자문료'를 제외한 모든 수입이 강연·인세·원고료 등의 '지식 용역 제공'과 관련된 활동으로 획득한 만큼 재산 형성과 세금 문제에 자신이 있었기 때문에 자료를 재검토하거나 제기될 수 있는 의혹에 대한 답변을 준비하지 않은 채 국회에 제출했다.

자신의 삶에 대한 지나친 자신감이 자초한 의혹

정 총리후보자는 본인의 세금 상식이 부족하고, 실수로 지나친 것이 있을 수도 있다는 생각을 거의 하지 않은 것 같다. 이러한 자신감은 '수정신고' 한 번과 '사과'로 끝날 세금 관련 수정신고를 세 번으로 늘어나게 했을 뿐 아니라, '노출되지 않은 별도의 수입 3억'이란 어처구니없는 의혹을 자초했고, 청문회 이후에는 소득세법 위반 혐의로 검찰에 고발당하기까지 했다.

민주당은 청문회 이전에 정 총리후보자의 세금과 관련하여 다음과 같이 '세금 탈루'를 주장했다.

(1) 정 후보자는 2008년 종합소득세 신고 때 부동산 임대수입과 인세·강연료 수입 등을 누락했다.
(2) 인터넷 서적 쇼핑몰인 '예스24'의 고문을 맡아 6천여만 원의 고문료를 받고도 2007년과 2008년 합산 소득신고를 하지 않았다.
(3) 2004년에서 2007년까지 인세 관련 자료를 국회에 제출하지 않았다(즉 인세 수입과 관련한 과세 자료가 없기 때문에 제출 못한 것이라는 의미).
(4) 지난 3년간 지출이 수입보다 많음에도 불구하고 3억 5천만 원 정도의 금융자산이 증가했다.

이러한 주장에 대해 정 총리후보자는 (1), (2)항은 "2008년도에 세무대리인에게 맡겨 세무 업무를 처리하여 누락이 발생"한 것으로 "수정신고하여 조취를 취했다"고 밝혔다. (3)항은 "국회에서 1년치만 제출하라고 했기 때문에 1년치만 제출한 것"이라고 했다. (4)항은 청문회 직전에 제기되어 별도 보도자료가 나오지 않았는데, 이는 '은행 예금을 비롯한 보험 등의 금융자산'이 증가한 것이고, 모든 수입과 지출이 통장을 통해서 이루어져 청문회장에서 충분히 해명하면 문제가 없을 것으로 판단한 것 같다.

민주당이 청문회 이전에 주장한 정 총리후보자의 세금 관련 부분은 정 총리후보자보다는 '세무대리인'의 실수라고 할 수 있다. 민주당도 확인했듯이 정 총리후보자가 국회에 제출한 자료에서 (1)의 부동산 임대료 수입 신고와 (2)의 YES24 고문료 합산 신고에 문제가 생긴 것은 2008년 한 번뿐이다. 그 전까지는 성실히 납부했다.

그런데 정 총리후보자의 '세금'과 (4) 금융자산 증가 부분에 문제가 발생한 것은 청문회가 개최된 직후였다. 정 총리후보자는 청문회가 시작된 21일 추가 '수정신고'를 하여 세금을 추가로 납부했다. 그 이유는 정 총리후보자의 잘못된 세금 인식 때문이었다. 정 총리후보자는 자신의 수입 구조가 투명하기 때문에 자신이 직접 처리하지 않은 2008년만 제외하면 문제가 더 이상 발생하지 않을 것으로 자신했다.

그러나 전문가의 조언을 들어 본 결과, 그동안 '해외 수입에 대한 세금 납부 여부'를 잘못 이해하고 있음이 확인되어 청문회가 열린 21일 2차 '수정신고'를 했다. 즉 정 총리후보자는 해외에서 획득한 수입은 '이중과세방지협약'에 따라 상대국에서 이미 세금을 냈기 때문에 한국에서는 이중으로 세금을 낼 필요가 없다고 생각했으나 해외수입이라 하더라도 '종합소득세 신고 대상'이었던 것이다.

다음은 해외 수입에 관한 정 총리후보자의 인식을 보여주는 청문회
속기록이다.

국무총리 후보자 정운찬
그런데 저는 그것을 양국 간에 이중과세방지협약 때문에 상대국에서 이
미 세금을 낸 것이므로 우리나라에서 또다시 이중으로 세금을 낼 필요
는 없다고 생각을 했었습니다.
그러나……

강운태 위원
당연히 종합소득세 신고 대상입니다.

국무총리 후보자 정운찬
예, 이번 청문회 준비 과정에서 종합소득세 산정에 누락된 것을 발견하
고 수정 신고 완료하고 오늘 아침에 세금을 냈습니다.

위 기록에서 보듯이, 정 총리후보자는 해외 소득을 의도적으로 누락
한 것은 아니지만 결과적으로 '해외 소득에 관한 이해부족'으로 종합소

득세 신고에서 누락시킨 사실을 뒤늦게 알고 2차 수정신고를 했다.

만일 정 총리후보자가 총리 임명 직후에 지난 5년간 본인과 가족의 모든 재산 관련 서류를 전문가에게 의뢰하여 종합적으로 검토하고, 그에 따른 조치를 끝낸 다음 자료를 국회에 제출했더라면 1차 수정신고로 모든 일을 마무리할 수 있었을 것이다.

그러나 정 총리후보자는 '재산증식 문제'에 관해 너무도 자신했다. 이러한 자신감과 행동의 결과는 야당의 좋은 공격거리가 되었다. 즉, 수정신고가 완결되지 않은 상태로 제출한 자료는 청문회가 열리기 전에 '세금 탈루 의혹'으로 대대적으로 공격할 수 있는 빌미를 주었고, 청문회 개시일에 한 2차 수정신고는 국민들에게 좋지 않은 이미지를 주었다.

공직자 재산신고 및 세금 문제와 관련해서 청문위원들은 '일반인의 상식'과 '일반인의 법조문 이해'로는 따라가기 힘든 전문가적 시각에서 정 총리후보자를 압박했다. 대표적인 것이 '재산신고 위반 건'이다.

정 총리후보자는 서울대 총장 재직시 공직자 재산신고 규정에 따라 재산신고를 하였다. 그러나 김종률 의원으로부터 인세 수입과 배우자 미술품에 대해서 신고하지 않아 법 위반이라는 지적을 받았다.

'배우자 미술품'을 재산신고에서 누락시켰다는 지적에 대한 정 총리후보자의 인식을 보여주는 청문회 답변이다.

국무총리 후보자 정운찬

알겠습니다만, 그 그림을 팔기 전에 그 그림의 가치가 있는지 없는지를 어떻게 알고…….

鄭玉任 委員

세법을 잘 모르시는 것 같아서 제가 질문을 드렸고요. 또 질문 중에 궁금해서 다시 한 번 질문을 드리겠습니다.

'부인이 아마추어 미술가다' 이렇게 말씀을 하셨습니다. 그래서 지금 부인이 그린 그림을 왜 사전에 재산신고를 하지 않았느냐라는 게 질문의 요지인 것 같은데요. 사실 자기 가족 또 본인이 그린 그림을 가격을 책정하기가 좀, 그게 좀 앞뒤가 안 맞는 것 같은데 어떻게 생각하십니까?

국무총리 후보자 정운찬

저희 집에 그림이 여러 점 걸려 있는데 그냥 저희 집사람이 그린 거구나 하지 그 그림을 팔았는지 안 팔았는지 전혀 모르다가 이번에 청문회 준비하면서 이미 판 그림이 있구나, 그것도 저쪽에서 원천징수했구나, 하는 것을 알게 되었습니다.

국무총리 후보자 정운찬

예, (자작) 그림이 재산인지도 몰랐어요.

이처럼 정 총리후보자의 인식은 일반인의 인식과 다르지 않다. 즉

'전문 화가'가 아니고 취미로 그림을 그리는 평범한 사람은 취미활동의 결과인 자신의 작품을 집에 걸어놓고 감상할 뿐이지 재산으로 생각지 않는다. 그러나 '법'은 '자작 그림'이라도 재산신고 대상으로 규정하고 있다. 이에 따라 결과적으로 정 총리후보자는 공직자 재산신고를 위반하게 된 셈이다.

또한 정 총리후보자는 배우자의 취미인 '그림그리기'에 대한 일반인의 상식에서 벗어나지 않은 행동 때문에 청문회에서 '세금 탈루'로 지적받았다.

그림뿐 아니라 음악·목공예·색종이접기·사진·도예 등을 전업으로 하지 않고 취미활동으로 하는 사람과 관련된 일반인의 상식과 행동은 다음 범주에서 크게 벗어나지 않을 것이다.

첫째, 사람은 누구나 여유만 있다면 자신의 창작활동 결과물을 많은 사람들에게 보여주고 평가받을 수 있는 전시회를 열고 싶어한다.

둘째, 취미활동으로 하는 아마추어 작가(그림·사진·공예·도예)의 전시회를 찾아와 작품을 감상하고 덕담을 나누는 사람은 작품을 보고 공부하거나, 작품을 재화(財貨)로 평가하는 '전문관계자(전문 평가자와 중개상)'가 아니라 작품을 만들어낸 작가와 친분 관계가 있는 사람이 전부다.

셋째, 취미활동을 하는 아마추어 작가는 지인에게 자신의 그림을 '선물'로 주는 경우가 대부분이다. 하지만 전시회장에서 지인이 특별하게 작품을 구매하는 경우도 있다. 이럴 때 작품 가격은 해당 작품을 사고파는 '시장가격'에 의해 결정되지 않는다. 구매자와 작가 간의 '관계'라는 시장외적 조건이 결정적 요소가 된다. 즉 구매자는 재료값 이상으로 '작가가 기분상하지 않을 적당한 가격'과 '구매자의 신분' (여유가 있으면 더 높은 가격에 구매)을 고려한 가격으로 결정하기 때문에 시장가격과 관계없이 결정되는 경우가 대부분이다(이런 작품은 특별한 경우를 제외하면 시장에서 거래되지 않는다).

넷째, 평등하고 상호 존중하는 부부관을 갖고 있는 사람이라면 배우자의 취미활동에 간여하지 않는다. 즉, 취미활동을 하도록 배려할 뿐이지 판매와 수입 발생 여부에 대해 관심을 갖지 않는다.

취미에 방점이 찍힌 이러한 아마추어 작가들의 행동 패턴을 정 총리후보자와 그 배우자도 벗어나지 못했다. (1)전시회를 개최했고, (2) 지인들이 찾아와 전시회장은 서로간의 만남의 장이 되었으며, (3) 정 총리후보자 배우자는 전시회를 찾아온 지인에게 작품을 선물하기도 했고, 어떤 지인은 그림을 (돈을 내고) 구매해 가기도 했다. (4) 당연히 정 총리후보자는 배우자가 그림을 판매한 사실을 알지 못했고, 자작 그림이 재산신고 대상이 된다고 생각조차 하지 못했다.

그러나 '국회의원의 이해심'과 '법의 시각'은 정 총리후보자와 일반인의 상식과는 달랐다. 전시회와 관련하여 청문위원은 전시회 개최 소식이 신문에 실린 것을 근거로 대대적으로 홍보한 것처럼 추궁했다.

강운태 위원

2004년에 개인전을 인사동 인사갤러리에서 여셨는데 어제 답변하실 때 '조용히 하기 위해서 뭐 일체 알리지도 않고 그렇게 했다' 고 이렇게 말씀하셨잖아요.

국무총리 후보자 정운찬

예, 별로 알리지 않았습니다.

강운태 위원

그런데 6월 30일부터 7월 6일 사이에 열렸는데 6월 30일이 되기 전에 6월 28일날 신문에 났다고, 신문에. 어떻게 났느냐 하면 '정운찬 총장 부인 최선주 씨 첫 개인전' 신문 타이틀입니다. 그러니까 알리지 않았다고 그랬지만 이미 신문은 말하자면 한 3일 전에 나버린 거예요.

국무총리 후보자 정운찬

위원님, 위원님. 제가 그 전시회를 저도 그렇고 저희 집사람도 그렇고 될 수 있으면 알리지 말라고 했는데 어느 신문사에서 미리 알고 낸 겁니다.

강운태 위원

아니, 그러니까 우리 후보자께서 알렸다는 얘기가 아니고 어쨌든 신문에 났단 말이에요. 신문에 났으니까 널리 알려졌을 것 아닙니까?
대한민국 국민들이 신문을 보잖아요!

국무총리 후보자 정운찬

예, 저희가 알린 것은 아닙니다.

강운태 위원
어쨌든 간 알려졌으니까 났겠지요.

강운태 의원은 신문에 기사가 났기 때문에 정 총리후보자가 홍보를
한 것처럼 공격함으로써 국민들에게 정 총리후보자가 '부인 행사까지
홍보하는 사람'이란 부정적 인상을 심어 주었다.

그런데 만일 정 총리후보자가 '널리 알리기로 마음먹었다'면 당시 서
울대 총장이었던 정 후보자가 모든 신문사에 개인적으로 알고 있는 기
자가 몇 명씩 있었기 때문에 거의 모든 신문에 전시회 기사가 나왔을 것
이다. 하지만 한 신문(국민일보)에만 기사가 실렸다는 것은 정 총리후보
자의 주장이 사실임을 말해 준다.

작품 판매 가격에 대해서도 청문위원들은 '시장가격'에 비춰 볼 때
정 총리후보자 배우자의 작품 가격이 높다고 공격한다.

강운태 위원
그런데 지금 묻고자 하는 것은 6100만 원, 4점이면 한 점당 1600만 원입

니다. 그런데 제가 오늘 확인해 보니까 시간이 다 되었습니다만, 천경자 씨 정도의 그림 수준 값이 지금 그렇습니다. 그런데 이해가 안 가잖아요.

강운태 위원
4점을 팔았는데 6100만 원이거든요.
그림이 너무 비싸다,

강운태 위원
그러면 두 가지 해석이 가능한데 그냥 뭐…… 후보자께서 자주 그렇게 용어를 쓰시지만 잘 아는 지인이 그냥 좀 주고 대신에 그림을 가져갔을 수도 있고 아니면 더 적극적으로 해석하자면 뭔가 목적이 있어서…….

강 의원 주장처럼 일반인도 정 총리후보자 배우자의 그림 가격이 좀 높다고 의문을 가질 수 있다. 그러나 강 의원이 제기하는 것처럼 '뭔가 목적'을 찾기에는 참으로 답답하기 짝이 없다. 만약 풍족한 재산을 가지고 있는 어떤 사람이 자기 자식을 서울대학교에 불법 입학시키는 것이 목적이라면, 서울대학교 총장이 해줄 수 있는 것이 너무 없기 때문이다. 따라서 '뭔가 목적'보다는 '지인 간의 관계'라고 보는 것이 타당할 것이다.

그리고 정 총리후보자는 배우자의 그림 활동에 대해 간섭을 하지 않아 판매 사실을 정확히 몰랐다. 또한 '자작 그림'을 재산으로 보지 않았기 때문에 '재산신고 대상'이 된다는 것도 인지하지 못해 청문회에서 민주당 의원으로부터 '위법'이라는 공격을 받았다.

이처럼 배우자의 취미활동에 대한 일반인의 상식과 다른 '법규정' 때문에 정 총리후보자는 본의 아니게 청문회에서 '세금 탈루'와 '공직자 재산신고 위반'이라는 지적을 받았다.

공직자 재산신고와 관련, 정 총리후보자가 공격받은 또 하나의 사안은 '인세 수입' 신고 문제였다. 김종률 의원은 정 총리후보자가 '인세 수입'을 공직자 재산신고에서 누락했기 때문에 '위반'이라고 지적했는데, 정 총리후보자는 명시적인 규정이 없기 때문에 기재를 하지 않았을 뿐이며, 관련 세금은 완납했다고 주장했다.

다음은 관련 청문회 속기록이다.

그 다음에 같은 기간 동안에, 2004년도부터 2008년 동안의 인세 수입, 공직자 재산신고에서 이렇게 누락시켰을 뿐만 아니라 소득신고에서도 누락을 시켰습니다. 그래서 그 결과 수천만 원대 세금 탈루한 것에 대해서 보겠습니다.

김 의원은 '8억 5천만 원 다운계약서' 건과 마찬가지로 '사실'을 자신의 방식으로 해석하고 연결하여 '공직자 재산신고 누락' 건을 '수천만 원대 세금 탈루'로 몰아갔다. 분명 별개의 사실이고 연결시키려면 더 정확한 증거가 필요함에도 김 의원은 이를 일방적으로 주장했다.

지금까지 살면서 단 한 번도 '위법'을 염두에 둔 행동을 하지 않고, 정직하고 바르게 살려고 노력했다고 자부해 온 정 총리후보자는 '위법'이라고 주장하는 '증거'를 들이대면서 또 다른 사안을 연결하여 '세금 탈루'라고 공격하는 김 의원 스타일에 적응하지 못해 몹시 당황했다. 정 총리후보자의 당황하는 모습은 청문회를 시청하고 있던 국민들에게 '사실이니까 당황하지'라는 인식을 심어 주기에 충분했다.

그러나 다음과 같은 정 총리후보자의 발언으로 김 의원의 '인세 수입의 공직자 재산신고 누락'과 '세금 탈루' 주장은 문제가 있음이 확인되었다.

국무총리 후보자 정운찬

서울대 총장 재직시, 다시 말해서 2002년에서 2006년까지 지적재산권 관련 인세는 신고된 예금에 이미 포함되어 있어서 이중으로 신고함을 방지하기 위해서 별도로 신고하지는 않았습니다. 당시 이와 관련해서 행안부에 명시적인 지침은 없었던 것으로 알고 있으며 행안부 유권해석에 따라 이번 공직후보 재산신고에는 별도 신고하였습니다. 이렇게 말씀드릴 수가 있는데, 조금 전문용어입니다만……

즉 정 총리후보자는 (1)행안부의 명시적인 지침이 없었기 때문에 재산신고에서 누락된 것이며, (2)이중신고를 방지하기 위해 지적재산권 관련 인세를 포함시키지 않았을 뿐이라고 주장하면서 관련 세금은 완납했다고 밝혔다.

그러나 청문위원들은 그러한 반론을 받아들이지 않았다. 결국 정 총리후보자는 인정하고 싶은 생각은 없었겠지만 "2002년 9월 최초 신고 이후 지식재산권을 명기하였어야 하나 관련 규정을 제대로 알지 못해서 재산등록신고서상에 명기하지 못하였습니다"라고 인정하지 않을 수 없었다.

정 총리후보자 본인의 '정직한 삶'에 대한 자신감이 초래한 최대 난관은 강운태 의원이 제시한 3억 5천만 원 상당의 재산증식 건이었다. 정 총리후보자는 노출되지 않은 부정한 방법의 수입이 없었고, '상식에 기초한 세금납부를 성실히 이행'했다고 자부했기에 증가된 금융자산이 문제될 것으로 전혀 생각하지 않았다. 그러나 앞에서 살펴본 대로 '해외연구소에서 받은 연구료와 강연료', '배우자 그림 판매' 등에서 확인할 수 있듯이 실무 세법과 차이가 나는 세무 상식을 가지고 있었다. 그 결과 청문회 직전까지 제때 세금을 정확히 납부하지 못한 실수가 있었고, 그것이 바로 3억 5천만 원 재산증식 건이다.

청문회에서 민주당은 3억 5천만 원이 늘어난 이유를 물으면서, 마치 노출되지 않은 수입원이 있는 것처럼 추궁했다. 정 총리후보자에게 이런 주장은 억울한 면이 있었다. 본인의 수입은 전부 노출되어 있었기 때문이다. 서울대 교수 봉급, YES24 자문료, 그리고 외부 강연료와 원고료 등으로 수입원이 명확했던 것이다.

그러나 민주당 청문위원들의 의문 제기는 타당하다. 청문회 시작 전 국회에 제출된 수입/지출 내역서 자료를 분석한 결과, 수입과 지출이 비슷하기 때문에 남는 금액이 없어야 하는데 3억 5천만 원이 남았던 것이다.

이에 대해 정 총리후보자는 청문회가 개최되는 동안 전문가를 동원하여 본인의 모든 수입/지출을 보다 정밀하게 검토시켜 3억 5천만 원이 증가한 원인을 설명함으로써 청문위원들이 제기했던 노출되지 않은 수입원이 없음을 입증할 수 있었다.

이처럼 본인이 그 분야의 전문가가 아닌 경우 전문가의 도움을 처음부터 받아 정리된 자료를 국회에 제출했다면 정 총리후보자는 청문회 개최 전에 청문위원들로부터 '의혹'을 받지 않았을 것이고, 청문회가 열린 뒤에도 국민들에게 '도덕적 의심'을 받지 않았을 것이다. 그러나 정 총리후보자는 본인의 삶에 대해 지나치게 자신한 나머지 있는 그대로 보여주면 모든 문제가 해결될 것으로 생각했던 것 같다.

추가로 정 총리의 수정 세금 납부와 관련하여 시중에 "총리로 임명되지 않았다면 추가 세금을 내지 않았을 것이다"라는 말들이 있다. 그러나 세무공무원에 따르면 그러한 말들은 '대한민국 국세청을 무시하는 것'이라 했다. 정 총리 후보자나 배우자, 가족들이 별도 사업체를 운영하는 것도 아니고, 고문료·강연료·원고료와 같은 모든 금융거래와 보험 등과 금융자산이 통장을 통해 이뤄지고 있기 때문에 정 총리 후보자가 이 번에 납부한 세금은 5년 이내에 고지서가 발부된다고 한다. 결국 청문회 때문에 빨리 냈을 뿐이라는 것이다.

미흡한 청문회 준비와 개선이 필요한 청문회

'정운찬 국무총리 후보자 인사청문회'는 국민을 존중하지 않는 정치권과 청문회 본연의 목적을 달성하기에 부족함이 많은 현 청문회의 자정과 개선의 필요성을 여실히 보여주었다.

청문회는 후보자의 '도덕성'과 '전문성'을 검토한다. 후보자가 공직을 수행하는 데 심각한 도덕적 흠결은 없는지, 능력과 자질은 적합한지를 검토하는 것이다. 따라서 후보자의 도덕성과 전문성을 검증하기 위해서는 청문위원도 도덕적으로 문제가 없고, 전문성을 갖춘 의원들로 선정해야 한다. 그것은 여야를 떠나 공당으로서 국민에 대한 예의다.

민주당 청문위원은 4명이었다. 강운태·백원우·최재성·김종률 의원이다. 이들 4명의 청문위원은 청문회에서 정 총리후보자를 향해 공통적으로 '도덕'을 강조했고, 거짓말하지 말 것을 요구했다. 어떤 의원은 정 총리후보자 평생을 부정하고 조롱하는 듯한 발언을 하면서 정 총리후보자의 도덕성을 문제삼기도 했다. 국민들은 정 총리후보자를 향해

당당하게 반복적으로 '도덕'을 강조하고 윽박지르는 청문위원들의 모습에서 그들이 '정 총리후보자가 받고 있는 의혹'과 관계없고, 도덕적으로도 문제가 없다고 생각했을 것이다. 또 당연히 그러한 의원을 청문위원으로 선정했을 것으로 생각했을 것이다.

그러나 민주당은 국민들을 너무 가볍게 생각했다. 김종률 의원이 청문회가 종료(23일)된 하루 뒤인 24일 대법원에서 비리 혐의로 유죄확정 판결을 받은 것이다.

김 의원은 정 총리후보자에게 청문회에서 이렇게 질타했다. "법을 지키시면서 국정을 이끌어 가셔야 될 총리로서 근본적인 자격을 의심할 수 있는 그런 발언입니다." 이밖에도 '준법', '도덕', '거짓말' 운운하며 정 총리후보자를 몰아붙이고, 공직자의 자세에 대해 강의했다.

그러나 김 의원은 단국대 교수로 재직할 당시 단국대 이전과 관련하여 건설사로부터 돈을 받은 혐의로 기소되었다. 고등법원에서 유죄판결을 받고 대법원 확정판결을 기다리고 있던 피의자 신분인 김 의원이 국민을 대상으로 법과 도덕을 가르친 셈이다.

야당은 정 총리후보자의 병역 면제에 관해서도 의혹을 제기했다. 정 총리후보자를 공박하면서 병역의 중요성을 이야기했다. 그런데 민주당 청문위원 4명 중 3명은 군에 갔다 오지 않았다. 그중 한 명은 '고령'으로 군 면제를 받았다.

국회의원과 청문위원들은 공직 후보자의 도덕성을 평가할 때는 '정확한 근거'를 가지고 이야기해야 하며, 선입견을 가지고 단정해서는 안 된다. 그리고 자신의 주장이 잘못되었음이 확인되었다면 국민에게 사실을 정확하게 알려야 한다. 공직자에 대한 왜곡된 이미지는 향후 공직자의 국정 업무 수행과도 연관되기 때문이다. 국민이 공직자를 긍정적으로 보는 것과 부정적으로 보는 것의 차이는 국가 정책 수행 과정에서 많은 차이를 가져온다.

청문위원들의 정 총리후보자에 대한 발언은 잘못된 것들이 많았다. 정 총리후보자에 대한 민주당의 평가는 박지원 의원의 "20년간 논문 한 편 안 쓴 공부 안 한 학자"라는 발언으로 시작되었다. 그러나 이는 사실이 아님이 곧 밝혀졌다. 그러나 이 발언에 대해 측근의 간략한 해명만 있었을 뿐이다.

또 백원우 의원은 정 총리후보자의 '병역면제'에 의혹이 있다고 주장했다. 그러나 이같은 주장은 앞에서 살펴보았듯이 '40여 년 전 상황'과 '병무행정 용어에 대한 오해'에서 출발한 것이었다. 따라서 백 의원은 정 총리에게 사과까지는 않더라도 자신의 주장을 철회했어야 했다. 그러나 백 의원은 같은 주장을 반복했다. 그런가 하면 최재성 의원은 정 총리의 발언을 재편집한 보도자료를 만들어 배포했다.

이 같은 일련의 주장은 정 총리의 도덕성에 크나큰 타격을 입혔다. 그러나 사실에 기초하지 않은 주장의 허구는 밝혀지게 마련이다.

정 총리 이미지가 청문회 이후 부정적으로 바뀐 데는 민주당의 이 같은 정략 때문이기도 하지만, 정 총리의 준비 소홀과 청문회 운영 방식에도 그 원인이 있다.

정 총리의 청문회 이전과 이후 평가는 상당한 차이가 있다. 그러한 차이가 발생하게 된 근본 원인은 정 총리에게 있다. 정 총리가 '도덕군자'였다면 청문회 전과 후의 평가가 차이날 수 없기 때문이다. 분명 정 총리의 삶에 '실수'도 있고, '과오'도 있다. 잘못 알고 있던 상식으로 제때 세금을 납부하지 못한 잘못도 있었다.

그러나 그러한 실수와 과오가 '거짓말 제조기', '양파 총리'를 만들 정도는 아니다. 30여 년을 서울대학교 교수로 봉직한 정 총리는 평범한 대한민국 국민처럼 집 한 채만(오피스텔은 급히 현금이 필요한 친구에게 샀음)을 갖고 있다. 자식들은 경쟁을 통해 대학에 입학시켰고 유학을 보내지 않았다. 자신의 전공과 관련된 추가 일(외부 강연과 원고게재)을 통해 서울대 교수 봉급 외의 수입이 있었다. 그리고 경제학 교수로 축적된 지식과 경험을 필요로 하는 외부기관에 '자문위원'과 '이사'로 참여하여 무형의 용역을 제공하고, 그에 상응한 대가를 받았다. 이처럼 정 총리의 삶은 우리네 일반 중산층과 크게 다르지 않다.

청문위원들이 후보자의 도덕성을 검증하기 위해 혹독한 청문회를 진행하는 것은 국민을 위해서도 바람직하다. 임명권자가 후보자를 지명할 때 놓친 부분이 있을 수 있기 때문에 청문회에서 걸러 줄 필요가 있기 때문이다. 민주당의 정치적 공격은 '야당'으로서 당연한 권리이기도 하다.

특히 정 총리후보자 청문회는 청문회 본연의 목적 말고도 민주당의 '정국주도권' 확보라는 목적이 내포되어 있었기 때문에 유례없이 시끄러운 청문회가 될 수밖에 없었다.

따라서 정 총리는 야당의 이러한 공격을 예상하고 철저하게 준비해야 했다. 그러나 '깨끗하게 살아왔고, 그렇게 살려고 노력해 온 자신의 삶에 대한 자신감'과 '이러한 삶을 다른 사람도 인정해 줄 것'이라는 순진(?)한 생각으로 준비가 미흡했다. 거기에 후보자 중심이 아닌 청문위원 중심의 운영과 결합되어 청문회 실패를 낳았다.

즉, 후보자가 청문위원들의 질문을 충분히 생각하고 기억을 되살리며 답을 체계적으로 정리한 다음 답변할 수 있도록 청문회가 진행되었다면, 정 총리는 사전에 청문회 준비가 미흡했더라도 제기된 의혹들을 충실히 설명함으로써 의혹들을 해소할 수 있었을 것이다.

청문회 준비 부족의 대표적 사례는 '겸직' 관련 위증 주장이다. 경력을 숨김으로써 위증을 하려면 밝혀져서는 안 될 이유가 있어야 하고, 쉽게 찾을 수 없어야 한다. 그러나 청문위원들이 위증의 증거라고 제시한 경력은 '숨겨야 할 특별한 이유(금전적 수익 등)'가 없고, 이미 언론에 공개된 것으로 청문회에서 밝히지 못할 까닭이 전혀 없었다. 따라서 정 총리가 과거 모든 경력 목록을 준비했다면 불필요한 '위증 논란'이 일어날 리 없었을 것이고, 또 청문회에서 조금 더 생각할 여유가 있었다면 모두 밝혔을 것이다.

청문회 운영 방식도 정 총리에게 도움이 되지 않았다. 청문위원별로 주어진 제한된 시간에는 정 총리의 답변 시간까지 포함돼 충분한 해명을 하기 어렵게 했다. 또 주제별 질문이 아닌 청문위원별 질문 형식은 수십 년간의 기억을 되살려 내는 과정에서 착각(예 : 청암재단과 수암재단 혼동)을 일으키게 했다.

게다가 청문위원들은 발언 앞 부분에서는 정 총리의 설명과 상이한 자신의 주장을 일방적으로 시청자에게 전달하고, 뒷부분에서는 다른 주제의 질문을 하여 정 총리가 반론을 할 수 있는 기회를 주지 않았다. 또 '나중에', '추가질의에서' 답변하라며 일방적으로 질문만 하고 정 총리의 답변을 듣지 않아 반론과 해명 기회를 갖지 못한 경우도 있었다.

이처럼 후보자가 충분한 반론과 설명을 할 수 있는 기회가 부족한 청문회 운영 방식은 청문회 이전과 이후에 정 총리 이미지가 달라지도록 하는 데 상당한 역할을 했다.

따라서 청문회를 통해 공직자를 제대로 검증하기 위해서는 이러한 청문회 운영 방식의 개선이 필요하다. 비리가 아닌 수십 년 된 일을 기억하지 못한 것을 두고 '위증'이라는 굴레를 씌우는 것은 온당하지 않다. 법이 미비하여 '관례'처럼 모든 국민이 했던 행정 행위를 지금의 잣대로 '위법'이라고 주장하는 것도 맞지 않다. 더구나 이를 둘러싼 갈등은 지나친 사회적 낭비가 아닐 수 없다.

또한 우리 사회의 발전 과정에는 압축성장의 흔적이 있었음을 충분히 인지하고 공직 후보자의 과거를 평가해야 한다. 우리나라는 선진국이 100여 년에 걸쳐 이룬 법과 제도, 사회문화적 결과물들을 10년에서 20년 안에 실시하고 있다. 특히 본격적으로 개방화가 추진된 1990년대 이후 사회와 그 이전 사회는 질적·제도적으로 큰 차이가 있음을 염두에 두어야 한다. 급격한 사회적 변화를 고려하지 않고 오늘날의 잣대로만 평가할 때 자칫 한 개인의 인생을 모독할 수도 있기 때문이다.

'정운찬 국무총리 후보자 인사청문회'는 청문회로서 실패했다. 야당의 정략이 개입되었고, 후보자의 준비는 미흡했으며, 청문회 운영은 제기된 의혹을 밝히지 못했다. 다시는 이와 같은 이유로 정 총리처럼 억울한 사례가 있어서는 안 될 것이다.